Über dieses Buch   Immer mehr Menschen fühlen heute ein Bedürfnis nach der inneren Ruhe und Seelenstärke, die durch Meditation erreicht werden kann. Das Angebot an Meditationswegen ist mittlerweile ungeheuer reich. Dieses Buch möchte eine Entscheidungshilfe bieten, um einen Übungsweg zu finden, der nicht nur die erwünschte Wirkung vermittelt, sondern der auch dem modernen Menschen westlicher Zivilisation voll entspricht. Der anthroposophische Erkenntnisweg zielt im Gegensatz zu vielen anderen darauf hin, das Bewußtsein zu schärfen und nicht zu dämpfen. Die extreme innere Passivität, die als Voraussetzung für alle medialen Erlebnisse gilt, ist in der Praxis unvereinbar mit der seelischen Aktivität, die für jede Form geistiger Schulung notwendig ist. Die hier dargestellten Übungen haben zum Ziel, latente innere Kräfte ins Bewußtsein zu heben und diese Kräfte durch ständig wiederholte Aktivierung immer mehr zu stärken. Durch die Tatsache, daß die dann zustande kommenden übersinnlichen Erlebnisse bei vollem, klaren Bewußtsein gemacht werden, ist eine kritische Analyse und Sichtung der Erfahrungen möglich.

Der Autor   Frans Carlgren, 1925 geboren, arbeitet als Lehrer an der Stockholmer »Kristofferschule« und am Rudolf-Steiner-Seminar in Järna. Er gilt als Kenner und Darsteller der Waldorfpädagogik. Seine Arbeiten zu verschiedenen anthroposophischen Themen haben in Schweden z. T. starke öffentliche Beachtung gefunden.
Im Fischer Taschenbuch Verlag ist bisher ›Erziehung zur Freiheit. Die Pädagogik Rudolf Steiners. Berichte aus der internationalen Waldorf-schulbewegung‹ (5502) erschienen.

Frans Carlgren

Der anthroposophische
Erkenntnisweg

Aus dem Schwedischen
von El. Mörgeli-Wrangsjö

Fischer Taschenbuch Verlag

Perspektiven der Anthroposophie

Herausgegeben von
Johannes M. Mayer und Wolfgang Niehaus

7.–9. Tausend: Juli 1985

Deutsche Erstausgabe
Veröffentlicht im Fischer Taschenbuch Verlag GmbH,
Frankfurt am Main, September 1984
Titel der Originalausgabe: Den Antroposofiska Kunskapsvägen
© Frans Carlgren
Umschlaggestaltung: Jan Buchholz / Reni Hinsch
Gesamtherstellung: Clausen & Bosse, Leck
Printed in Germany
980-ISBN-3-596-25543-0

Inhalt

Blick für das Lebendige

Es ist Sommer. Wir gehen über eine Wiese und nehmen Pflanzen mit nach Hause; vielleicht Margerite, Hahnenfuß und Milchdistel. Wir achten genau darauf, daß wir ganze Stengel, alle Blätter und möglichst auch einen Teil des Wurzelsystems mitbekommen.

Betrachten wir nun die Stengelblätter der Reihe nach von unten nach oben, so finden wir, daß die unteren Blätter anders geformt sind als die oberen. Alle zusammen bilden eine Reihe, in der jedes Blatt ein neues Stadium in einer Art Entwicklungsprozeß darstellt. Alle drei Pflanzenarten sind gute Beispiele dieses Phänomens.

Die Reihe fängt an mit kleinen, einfachen Blattstrukturen, die nach und nach größer werden und sich immer mehr differenzieren. Auch die jeweiligen Stengel der Blätter wandeln sich stufenweise um, und eine lappige Blattform entsteht. Allmählich tritt wieder eine Verkleinerung und eine Vereinfachung ein, besonders in den Blättern, die direkt unter der Blüte sind.

Eine solche Reihe, in der jedes Glied in seiner Form eine Umwandlung der vorangegangenen ist, bezeichnet man als gesetzmäßige Metamorphose (Umwandlung).

Johann Wolfgang von Goethe

Einer der ersten Naturforscher, der systematisch solche Metamorphosen in der Welt der Organismen studierte, war Johann Wolfgang von Goethe.

Die Beobachtungsmethode Goethes hatte ihren Ausgangspunkt in seinen Kunststudien. Einzudringen in die Formsprache, die im Werk der Maler, Bildhauer und Architekten zum Ausdruck kommt, war ein Bedürfnis, das ihn durch sein ganzes Leben begleitete. Goethe war zutiefst davon überzeugt, daß derjenige, der die Formsprache der Natur verstehen will, einen ähnlichen Weg gehen muß.

Zu Goethes Zeit und auch später hat es viele Menschen gege-

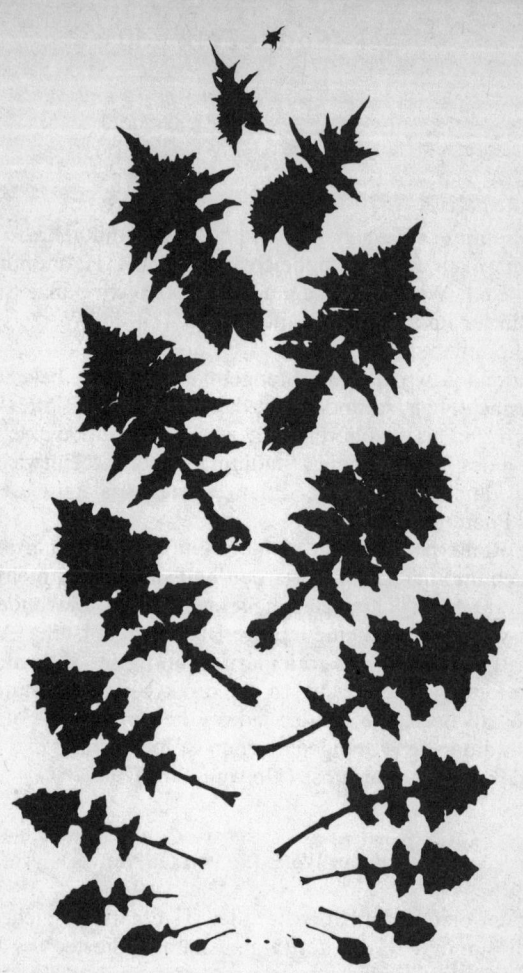

Abb. 1 Sämtliche Blätter einer Milchdistel geordnet
wie am Stengel

ben, die geglaubt haben, daß künstlerische Phantasie und naturwissenschaftliches Beobachtungsvermögen im Gegensatz
zueinander stehen müssen. Goethe selbst behauptete das Gegenteil. Er meinte, daß ein Künstler mit den gleichen Gestal-

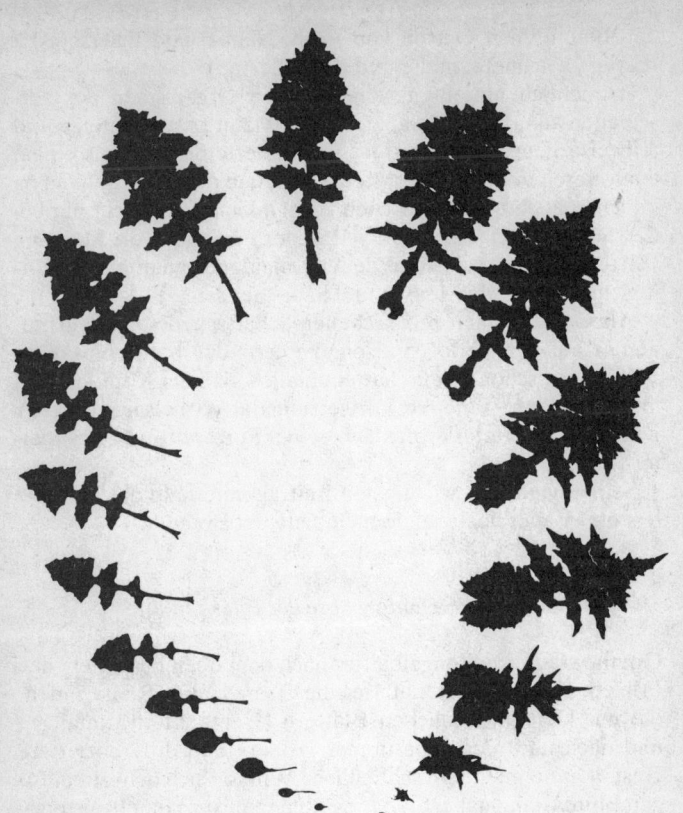

Abb. 2 Die gleichen Blätter in einer Schleifenanordnung ausgelegt.
Jedes Blatt bildet ein neues Stadium in einem Entwicklungsprozeß.
Bemerken wir besonders die schrittweise Umwandlung des Blatt-
stengels.

tungsprinzipien arbeitet, die im Schaffen der Natur zum Ausdruck kommen, und daß künstlerische Tätigkeit eine wichtige
und notwendige Vorbereitung ist für jeden, der in die »offen-
baren Geheimnisse« der organischen Welt eindringen will.
Letzteres war eine Formulierung, die er selber gern verwendete.

Goethe machte sich große Mühe. Er studierte Pflanzen in
seinem Garten in Weimar, in den schweizerischen Alpen und in

den botanischen Gärten von Rom, Neapel und Palermo. Er schrieb, zeichnete, malte und modellierte.

Allmählich umfaßten seine Studien Organismen der verschiedensten Arten. Auf eigene Faust kam er zu wichtigen und teilweise neuen Ergebnissen. Er studierte Schädel aus einem anatomischen Institut und stellte fest, daß der Zwischenkieferknochen auch beim Menschen vorhanden ist und nicht nur bei den Säugetieren. Bis dahin war in der Forschung die Meinung vertreten worden, daß dies der entscheidende anatomische Unterschied zwischen Mensch und Säugetier sei.

Als Goethe einen zerbrochenen Schafsschädel untersuchte, den er auf dem Lido von Venedig gefunden hatte, bestätigte sich, was er schon geahnt hatte: nämlich, daß der Kopf – anatomisch gesehen – eine Art Fortsetzung der Wirbelsäule ist – der Knochen des Hinterkopfes ist in seiner Form ein »umgewandelter Rückenwirbel«.

Seinen vielleicht wichtigsten Beitrag innerhalb der Biologie leistete er aber doch auf dem Gebiete der Botanik.

Die Metamorphose der Pflanzen

Goethe studierte Stengelblätter nach dem oben beschriebenen Prinzip. Er stellte fest, daß sie eine gesetzmäßige Reihe bilden, die mit kleinen, einfachen Blättern (Herzblättern) anfangen und nach und nach eine immer größere und differenziertere Gestalt annehmen, um schließlich, wenn sie sich dem zukünftigen Blütenstand nähern, wieder kleiner und unkomplizierter zu werden.

Mit der Zeit fand er heraus, daß auch die Blüte als ein Glied in der gleichen Entwicklungsreihe erscheint. In seiner wichtigsten botanischen Arbeit »Die Metamorphose der Pflanzen« (1790) heißt es:

»Die Verwandtschaft der Krone mit den Stengelblättern zeigt sich uns auch auf mehr als eine Art; denn es erscheinen an mehreren Pflanzen Stengelblätter schon mehr oder weniger gefärbt, lange ehe sie sich dem Blütenstande nähern; andere färben sich vollkommen in der Nähe des Blütenstandes. Auch geht die Natur manchmal, indem sie das Organ des Kelchs gleichsam überspringt, unmittelbar zur Krone über, und wir haben Gelegenheit, in diesem Falle gleichfalls zu beobachten, daß Stengelblätter zu Kronenblättern werden. Ja, noch merkwürdiger ist der Fall, wenn ein solches Blatt halb grün, mit seiner einen Hälfte zum Stengel gehörig, an demselben befestigt bleibt, indes sein anderer und gefärbter Teil mit der Krone emporgehoben und das Blatt in zwei Teile zerrissen wird.«

Abb. 3 Canna Iridiflora. Rechts die ganze Blüte: im Zentrum das Staubblatt, davor der breite Griffel mit abgeschrägter Narbe. Links einzelnes Staubblatt, stärker vergrößert

Daß Staubgefäße und Stempel »metamorphosierte Kronenblätter« sind, war einfacher festzustellen.

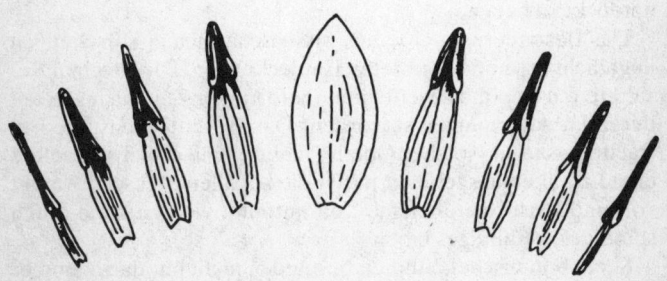

Abb. 4 Stufenweise Verwandlung eines Blütenblattes in ein Staubblatt bei der Weißen Seerose

11

Goethe faßte seine Beobachtungen folgendermaßen zusammen: »Vom Samen bis zu der höchsten Entwicklung des Stengelblattes bemerkten wir zuerst eine Ausdehnung; darauf sahen wir durch eine Zusammenziehung den Kelch entstehen, die Blumenblätter durch eine Ausdehnung, die Geschlechtsteile abermals durch eine Zusammenziehung, und wir werden nun bald die größte Ausdehnung in der Frucht und die größte Konzentration in dem Samen gewahr werden. In diesen sechs Schritten vollendet die Natur unaufhaltsam das ewige Werk der Fortpflanzung der Vegetabilien durch zwei Geschlechter.«

Anschauende Urteilskraft

Was zum Ausdruck kommt in diesen Metamorphosen, ist im Grunde genommen immer das gleiche Organ: das Blatt. Je mehr Goethe sich in die verschiedenen Arten mit ihrem fast unendlichen Variationsreichtum vertiefte, desto schärfer wurde sein Blick auch für das Gemeinsame, für das Metamorphosengesetz als solches.

Das Tagebuch der italienischen Reise (1786–88) zeigt, wie das Bild der »Urpflanze«, als das eigentliche Grundprinzip der Pflanzenentwicklung, stufenweise in Goethes Bewußtsein Gestalt annahm. Eine Zeitlang glaubte er, daß er sie leibhaftig, mitten unter anderen Pflanzen zu sehen bekommen müßte. Aber bald erkannte er, daß sie nicht in einer physisch greifbaren Einzelgestalt erscheinen kann.

Trotzdem faßte er die Urpflanze als ganz und gar real auf. Er meinte, die wirkliche »Steuerfunktion« in der Welt der Pflanzen entdeckt zu haben.

Das Besondere an Goethes wissenschaftlichen Forschungen liegt nicht in seinen konkreten Entdeckungen. Die gleichen Resultate wären ohne Zweifel innerhalb kurzer Zeit auch von anderen Forschern erreicht worden. Das Wesentliche ist die Betrachtungsart als solche. Goethe meinte, daß er bei sich selber eine Fähigkeit ausgebildet hätte, die bei allen Menschen latent vorhanden ist, die aber nur voll entfaltet werden kann durch ständiges, geduldiges Üben.

Seine botanischen Studien bestanden nicht nur darin, immer und immer wieder die Pflanzen und Blattformen zu beobachten und abzubilden, sondern sich die verschiedenen Metamorphosen schließlich auch innerlich vorzustellen. Sinneswahrneh-

Abb. 5 Blüte der Schwertlilie (Iris germanica). Über den abwärts gerichteten Blütenblättern liegen die blumenartigen Griffel.

mung und Gedanke waren dabei eng miteinander verbunden. Er behauptete, daß sein »Anschauen ein Denken« war und sein »Denken ein Anschauen«. Die Fähigkeit, die er entwickelte, nannte er »anschauende Urteilskraft«.

Goethe und seine Zeitgenossen

Goethe war zweifellos eine der einflußreichsten Persönlichkeiten des damaligen Kulturlebens. Was er schrieb – und im großen Umfang auch was er sagte und tat – wurde mit einem nicht versiegenden Strom von Kommentaren bedacht. Natürlich führten seine naturwissenschaftlichen Forschungen zu zahlreichen Diskussionen. Die Betrachtungen über die »Metamorphose der Pflanzen« wurden rasch in den gängigen wissenschaftlichen Begriffsapparat eingefügt. Aber seine Ideen über die »anschauende Urteilskraft« vermochten sich nicht durchzusetzen.

Die zeitgenössischen Naturforscher waren in erster Linie

13

Materialsammler. Ihre Arbeiten enthielten eine Menge Detail-beobachtungen, die oft auf ziemlich mechanische Weise gruppiert und systematisiert wurden. Das an und für sich großartige System von Carl von Linné mit seinem stetigen Zählen der Staubgefäße, Stempel und Kronenblätter war in hohem Grade ein Kind seiner Zeit.

Aber auch bei den Forschern und Denkern, die durchaus unzufrieden waren mit dieser Form der Wissenschaft, stieß Goethe nicht auf größeres Verständnis.

Ein bezeichnendes Beispiel ist sein Bericht über das Gespräch, das er im Juli 1794 mit seinem zukünftigen Freund Friedrich Schiller führte. Beide hatten einen botanischen Vortrag in der naturwissenschaftlichen Gesellschaft in Jena besucht. Als sie anschließend ins Gespräch kamen, bedauerte Schiller die zerstückelte Denkart, den Mangel an Überblick, der in den Arbeitsmethoden der zeitgenössischen Naturforscher vorhanden war. Goethe hoffte, einem Gleichgesinnten begegnet zu sein. Er begleitete Schiller nach Hause und erzählte von seinen eigenen Forschungen. Er zeichnete »mit manchen charakteristischen Federstrichen« die symbolische Urpflanze.

Aber Schiller reagierte ungefähr so, wie man es bei einer philosophisch gebildeten Person seiner Zeit erwarten konnte – und wie vielleicht alle spontan reagieren würden. Er antwortete: »Das ist keine Erfahrung, das ist eine Idee.«

Goethe war betroffen, beherrschte sich aber und verbarg sein Mißfallen. Statt dessen antwortete er: »Das kann mir sehr lieb sein, wenn ich Ideen habe, ohne es zu wissen, und sie sogar mit Augen sehe.«

Hier kann man den Eindruck gewinnen, daß Goethe die »anschauende Urteilskraft« gleichsam wie ein normales physisches Sehen empfand. Das kann er jedoch kaum gemeint haben. In einem anderen Zusammenhang schilderte er, wie das »Urbildliche« bei der Pflanze nur erfaßt werden kann, wenn »die Geistes-Augen mit den Augen des Leibes in stetem lebendigem Bunde wirken«. Aber was wollte er eigentlich mit dieser Formulierung ausdrücken? Die Tatsache ist, daß es Goethe direkt schwerfiel, sein erreichtes Erkenntnisvermögen zu beschreiben. Er war kein geschulter Denker. Philosophie und Erkenntnistheorie gehörten zu den wenigen Forschungsgebieten, vor denen er rein instinktiv wie ein Fremder stand.

Mitten in dem großen Kreis von Freunden, Fachleuten und

neugierigen Besuchern, mit denen er ständig verkehrte, fühlte sich Goethe oft sehr einsam. Viele der Gedanken und Anregungen, die ihm am allerwichtigsten waren – und dazu gehörten ohne Zweifel seine naturwissenschaftlichen Grundideen –, wurden diskutiert, waren und blieben aber unverstanden.

Das naturwissenschaftliche Weltbild

Goethe starb 1832. Während der Jahrzehnte vor und nach seinem Tod wurde der entscheidende geistige Umbruch eingeleitet, der dazu führte, daß das bis dahin religiös orientierte Weltbild Schritt für Schritt durch ein naturwissenschaftliches ersetzt wurde. Damit veränderte sich der Blick auf die Entwicklung der Organismen und ihrer wirklichen Natur. Für repräsentative Biologen des 18. Jahrhunderts, wie z. B. Linné, war das Zweckmäßige und Planmäßige im Aufbau der Organismen kein Problem. Im Gegenteil, es schien ihren Glauben an eine allwissende Schöpfermacht zu bestätigen. Auf teilweise ganz neue Erkenntnisse gestützt, machten Helmholtz, Wöhler, Berzelius und eine Reihe von anderen Forschern im 19. Jahrhundert geltend, daß die organische Materie den gleichen Gesetzen unterworfen sei wie die unorganische. Zahlreiche Phänomene, die bis dahin mehr oder weniger naiv als Ausdruck einer besonderen Lebenskraft verstanden worden waren, meinte man jetzt in chemisch-physikalischen Begriffen beschreiben zu können, als wären sie Beispiele für rein mechanische Abläufe. Der Wissenschaftler, der am entscheidendsten zum Verblassen des »alten« Weltbildes beitrug, war Charles Darwin. Sein Werk »Über den Ursprung der Arten durch natürliche Zuchtwahl« erschien 1859 und zeigte, daß man sich eine Evolution vorstellen kann, in der das Zweckmäßige bei Pflanzen, Tieren und Menschen sich als ein Ergebnis von kleinen, mehr oder weniger zufälligen Veränderungen zeigt, die dadurch bedingt sind, daß die Organismen sich anpassen, um im »Kampf ums Dasein« überleben zu können.

Darwin verlor nicht seinen Gottesglauben und war äußerst vorsichtig in seinen philosophischen Schlußfolgerungen. Aber seine Beobachtungen und Gedanken wurden für Millionen von Menschen ein Zeugnis dafür, daß die ganze Evolution der Erde verstanden werden kann, ohne daß man sich auf die Vorstellung einer göttlichen Schöpfermacht stützt.

Gegen Ende des 19. Jahrhunderts waren sich fast alle Forscher darüber einig, daß das ganze wissenschaftliche Wahrheitssuchen sich darauf beschränken müsse, nur solche Erscheinungen zu erfassen, die als rein mechanischer Verlauf beschrieben werden können, und daß derjenige, der sich dieser Zielsetzung nicht anschließen könne, nicht als Wissenschaftler betrachtet werden kann.

Als eine Konsequenz dieser Denkweise entwickelte sich im 20. Jahrhundert die sogenannte reduktionistische wissenschaftliche Grundhaltung, die heute noch in der offiziellen naturwissenschaftlichen Forschung vorherrschend ist. Die wichtigsten Elemente der reduktionistischen Arbeitsweise werden in dem Artikel »History of Science« in der *Encyclopaedia Britannica* folgendermaßen beschrieben:

»Die Untersuchungen konzentrierten sich auf im Laboratorium darstellbare und kontrollierbare Methoden, unter Vermeidung aller größerer Schwankungen in den Prozessen. Es wurde nach den Prinzipien gearbeitet, die die einfachsten physikalischen Ursachen berücksichtigen und das Hauptgewicht auf die mathematischen Methoden legen. Die wissenschaftliche Anschauung dieser Zeit ging von der Annahme aus, daß eine wirkliche Wissenschaftlichkeit in der theoretischen Physik ihr Vorbild hat.«

Goethe und die Nachwelt

Mitten in dem gewaltigen Umbruch, den die Wissenschaft und die ganze westliche Zivilisation während der zweiten Hälfte des 19. Jahrhunderts mitmachte, blieb Goethes Persönlichkeit innerhalb des deutschsprachigen Kulturgebietes bemerkenswert aktuell. Einige Naturforscher ergriffen seine Partei und beriefen sich auf ihn. Andere akzeptierten seine wissenschaftlichen Leistungen nicht und distanzierten sich von seiner Denkweise. Einer seiner ergebensten Interpreten war der Biologe Ernst Haeckel, der erste Nachfolger Darwins in Mitteleuropa. Haeckel, der selber ein genialer Beobachter und Zeichner war, bewunderte das Künstlertum Goethes ehrlichen Herzens und faßte die Metamorphosenlehre als eine Art Rohskizze zur modernen Evolutionstheorie auf. Aber in seinem leidenschaftlichen Kampf gegen die theologische und für die naturwissenschaftliche Weltauffassung übersah er, daß Goethes Art, die

Organismen und ihre Entwicklung zu beschreiben, alles andere war als mechanistisch.

Der bekannte Physiologe Emil du Bois-Reymond stellte sich auf die Gegenseite. Er betrachtete Goethe als einen wissenschaftlichen Dilettanten, der nie das Prinzip der mechanistischen Welterklärung begriffen habe. Viele andere Naturforscher waren der gleichen Auffassung. Worauf Goethes Forschungen eigentlich hinausgingen, verstanden nur wenige.

Joseph Kürschner

Ein junger deutscher Literaturhistoriker, Joseph Kürschner, kam zu dem Schluß, daß Goethe »recht hatte« in der heftigen Auseinandersetzung mit Newton, die mit seiner berühmten Farbenlehre zusammenhing.

Als Nicht-Fachmann hatte Kürschner Schwierigkeiten, ein wirksames Wort in der Debatte über die Natur der Farbe einzulegen. Er hatte aber nichts dagegen, gleichgesinnten Beitragsgebern zu Wort zu verhelfen. Der günstigste Zeitpunkt kam, als er 1882 eine Arbeit größeren Umfangs anfing. Er begann, die Werke der klassischen deutschen Dichter in einer gesammelten Ausgabe mit dem Titel »Deutsche Nationalliteratur« herauszugeben, die mit der Zeit auf 221 Bände anwuchs und ein geschätztes Standardwerk wurde.

Alle Bände sollten von Fachleuten kommentiert werden. Kürschner legte großen Wert darauf, daß Goethes naturwissenschaftliche Schriften in einem gebührenden Rahmen präsentiert werden sollten. Er suchte deshalb einen philosophisch gebildeten Kommentator, der einen guten Überblick über den Stand der modernen Physik hatte. So wandte er sich an einen Fachkollegen, den Goethespezialisten Karl Julius Schröer in Wien, und bat ihn um Rat. Schröer empfahl einen 21jährigen Studenten von der Technischen Hochschule in Wien. Aus dem Briefwechsel zwischen den beiden Professoren ist ersichtlich, daß Kürschner mit einem Doktor der Philosophie – mindestens – gerechnet hatte. Er war erstaunt, auf einen Universitätsstudenten verwiesen zu werden, der sich noch mitten in seinen Physikstudien befand. Nach persönlichen Zusammenkünften und mehreren tiefgehenden Gesprächen teilte er jedoch Schröer mit, daß der junge Mann ihm als »wohlgesattelt« erschien und dem Auftrag wohl gewachsen sei.

Der Student hieß Rudolf Steiner. Er nahm die Arbeit mit größter Freude an.

Der Student Rudolf Steiner

Die Fächer, die Steiner an der Technischen Hochschule in Wien belegte, waren Mathematik, Geometrie, Physik, Mechanik, Chemie und Biologie. Die Studien engagierten ihn sehr. Er bewunderte aufrichtig eine Reihe der Naturforscher, mit denen er in Berührung kam, und machte sich schnell vertraut mit den mechanistischen Gedankengängen, die im Laufe der letzten Jahrzehnte auf den verschiedenen naturwissenschaftlichen Spezialgebieten zum Ausdruck gekommen waren.

Er versuchte so vorurteilslos wie möglich sich in die landläufigen Theorien einzuleben. Dies bereitete ihm aber – wie er selber betonte – fast unüberwindbare Gedankenschwierigkeiten. Seit der Kindheit war Steiner gewohnt, neben der Welt, die ihm die physischen Sinne zeigten, auch eine andere »übersinnliche« (nicht-sinnliche) Existenzform zu erleben. Einige der Phänomene, die sich da abspielten, standen offenbar in Zusammenhang mit dem, was in der physischen Welt geschah. Er erlebte beispielsweise alle Organismen wie durchdrungen von gestaltenden und belebenden Kräften und stellte fest: Wenn diese Kräfte nicht mehr im Organismus wirken, stirbt er.

Auf Steiners diesbezügliche Beschreibungen werden wir in den folgenden Kapiteln zurückkommen.

Nach der Auffassung fast aller Naturforscher können die Erscheinungen des organischen Lebens beschrieben und verstanden werden, ohne die Existenz irgendwelcher nicht-materieller Tatsachen vorauszusetzen. Steiner erfuhr aber täglich, daß solche Tatsachen vorhanden sind und daß sie in die physische Welt hineinwirken. Sein »Weltbild« stimmte nicht überein mit dem, womit er in der modernen Naturwissenschaft konfrontiert wurde.

Goethe und Steiner

In Goethes naturwissenschaftlichen Schriften begegnete Steiner einer anderen Betrachtungsweise als derjenigen, die an den Universitäten als selbstverständlich galt. Er fand, daß diese »abweichenden« Untersuchungsmethoden genau so wert waren, ernst genommen zu werden, wie die allgemein anerkannten.

Ein grundlegender Unterschied lag darin, daß Goethe nicht versuchte, alle seine Beobachtungen in ein geschlossenes Gedankensystem einzufügen. Goethe »blieb bei den Phänomenen« (dies war einer seiner Lieblingsausdrücke). Auf Gebieten, die seiner Beobachtung nicht zugänglich waren, verzichtete er darauf, die Lücken mit Hypothesen auszufüllen. Gerade durch diese Zurückhaltung schloß seine Naturbeschreibung gewissermaßen die Möglichkeit mit ein, daß übersinnliche Kräfte in die physischen Erscheinungen hineinwirken können.

Daß eine solche Wirklichkeit existiert, erschien Goethe nicht als eine ausgedachte Hypothese. Er glaubte sie wahrzunehmen – aber mit anderen Sinnesorganen als den physischen. Hier war nun das Feld, auf dem Steiner und Goethe sich begegneten.

Steiner hat betont, wie er sich von einer Art innerer Einsamkeit erlöst fühlte, als er wiederholt Goethes Darstellung des Gesprächs mit Schiller über die »Urpflanze« durchlas. Es ging ihm auf, daß eine Verwandtschaft vorlag zwischen Goethes und seiner eigenen Art, die Wirklichkeit zu erleben.

Als er den Auftrag bekam, Goethes naturwissenschaftliche Schriften im Rahmen der »Nationalliteratur« zu redigieren und zu kommentieren, sah er die Gelegenheit, sich mit diesen Fragen gründlich auseinanderzusetzen.

Die meisten Forscher, die wissenschaftliche Editionen herausgeben, sehen ihre Hauptaufgabe darin, einen zuverlässigen Text herauszuarbeiten, fehlerhafte Lesarten auszumerzen, Varianten zu klassifizieren usw. Für Steiner war das alles nur Vorarbeit. Er hoffte vielmehr, Goethes Betrachtungsweise als eine wissenschaftlich haltbare Alternative zu den Methoden der offiziellen Forschung darstellen zu können. Zu diesem Zweck waren aber ausführliche Erläuterungen notwendig. Steiner versuchte, solche Kommentare zu schreiben. Dadurch wurde er jedoch in Gedankengänge hineingetrieben, die, wissenschaftlich gesehen, außerordentlich ketzerisch waren.

Wie wir uns erinnern, gab es am Ende des letzten Jahrhunderts eine Reihe einflußreicher Physiker, die der Meinung waren, daß Goethe nie das mechanistische Prinzip begriffen habe. In seinen Kommentaren machte Steiner jetzt deutlich, daß diese Wissenschaftler Goethe niemals verstanden hätten. Er behauptete, daß Goethe innerhalb der Biologie einen Beitrag geliefert habe, der auf seine Art genauso bahnbrechend sei wie der Galileis innerhalb der Physik. Was Steiner hiermit meint, kann erläutert werden an Hand einiger anschaulicher Beispiele, die direkt aus der Natur geholt sind.

Bei jüngeren Tannen, die ihre Spitze durch »Schneebruch« verloren haben, bekommt der Wipfelsproß in der Regel einen Ersatz, indem diese Funktion von einem anderen Glied im obersten Geäst übernommen wird. Er erhöht sich über die anderen Äste, und seine Zweige fangen an, sich zu einer neuen Krone umzuordnen.

Manchmal geschieht es auch, daß zwei oder mehrere Äste konkurrierende Wipfelsprosse bilden, die sich einander nähern und parallel nach oben wachsen. In diesem Falle geschieht aber eine intime Koordination. Die Wipfelsprosse passen sich gegenseitig an, so daß die Zweigreihen zusammen wirken und mehr oder weniger symmetrisch werden. Ob nun die Tanne ein oder mehrere Wipfelsprosse bildet – das Ergebnis ist das gleiche. Alle Zuwachsprozesse werden in ein einheitliches Muster eingeordnet. Der Prozeß kann mehrere Jahre dauern, aber schließlich wird – sofern es die Umstände zulassen – die ursprüngliche kennzeichnende Kegelform wieder hergestellt.

Wird einem Molch ein Bein abgerissen, kommt ein Heilprozeß durchgreifendster Art in Gang. Die Haut-, Muskel- und Knochenzellen, die sich an der Oberfläche der Wunde befinden, »entspezialisieren« sich und kehren zurück zu einem undifferenzierten embryonalen Zustand. Daraufhin wächst ein neues Bein aus, nach dem gleichen Prinzip, das während der Embryonalentwicklung geherrscht hatte. Knorpel, Knochen, Gelenke, Muskeln etc. werden schrittweise entfaltet, bis der Molch wieder ein gut entwickeltes Bein hat.

Das leitende Prinzip solcher Steuerungsfunktionen wird von einigen modernen Biologen »morphogenetisches Feld« genannt, und das ganze Geschehen wird als »planmäßig« bezeichnet. (E. Hadorn, »Experimentelle Entwicklungsformen an

Amphibien«, Verständliche Wissenschaft, Bd 77, Berlin–Göttingen–Heidelberg 1961.)

Solche Fähigkeiten finden wir nicht innerhalb der unorganischen Materie. Ein zerschmetterter Stein kann sich nicht wieder alleine zusammenfügen. Ein kaputter Motor kann sich nicht selber reparieren.

Die Entelechie

In einer Maschinerie sind die Einzelheiten getrennte Teile einer Einheit. Alle Teile sind klar voneinander getrennt. In einem Organismus sind die Teile der Ganzheit untergeordnet. Die Ganzheit durchdringt die Teile und kann bei Bedarf deren Funktionen ändern.

Steiner beschreibt das folgendermaßen in einem zusammenfassenden Kommentar zu Goethes biologischen Schriften »In der unorganischen Welt herrscht Wechselwirkung der Teile einer Erscheinungsreihe, gegenseitiges Bedingtsein der Glieder derselben durcheinander. In der organischen ist dies nicht der Fall. Hier bestimmt nicht ein Glied eines Wesens das andre, sondern das Ganze (die Idee) bedingt jedes Einzelne aus sich selbst, seinem eigenen Wesen gemäß. Dieses sich aus sich selbst Bestimmende kann man mit Goethe eine Entelechie nennen.«

Das Wort Entelechie wurde von Aristoteles im 4. Jahrhundert vor Christus geprägt. Es hat seine Wurzel in den drei griechischen Worten entos = innen, telos = Ziel und echo = haben. Die »Urpflanze« ist, wie vorhin beschrieben, ein Beispiel einer solchen Entelechie. Goethe – sagt Steiner – hat gezeigt, daß im Prinzip die gleiche Betrachtungsweise auch auf die verschiedenen Tierarten angewendet werden kann und damit auch auf die ganze Evolution. Nach Steiners Anschauung ist es unstatthaft, Goethes Metamorphosenlehre als eine Art Vorgänger der darwinistischen Theorie zu betrachten. Er behauptet, daß Goethe eine Seite der Wirklichkeit beschrieben hat, die Darwin und Haeckel nie berücksichtigten.

Nach Goethes Betrachtungsweise sind die verschiedenen Tierarten Ausdruck für Entelechien, die sich während der Evolution, Schritt für Schritt in der Sinnenwelt manifestiert haben. Die Entelechie hat demgemäß vor der physischen Gestalt existiert und liegt ihr zugrunde.

Die Faktoren, die normalerweise als »Anpassung« oder »Kampf ums Dasein« gesehen werden, sind demzufolge sekundär. Goethe verneint nicht ihre Existenz. Sie können sich aber – nach seiner Auffassung – nicht geltend machen, bevor die Entelechie, d. h. die primäre artbildende Kraft, weit genug in ihrer Entwicklung gekommen ist.

Was ist unter einer Entelechie überhaupt zu verstehen?

In seinen Erläuterungen zu Goethes naturwissenschaftlichem Werk drückt sich Steiner in diesem Punkt ein wenig vorsichtig aus. In seinem Werk »Goethes Weltanschauung« (GA [= Rudolf-Steiner-Gesamtausgabe] 6), das 1897 herauskam und als eine erweiterte Zusammenfassung seiner vieljährigen Goetheforschungen betrachtet werden kann, stellt Steiner jedoch auf ganz eindeutige Weise dar, was er meinte: »Wie zur Wahrnehmung der Farbenerscheinungen das Auge gehört, so gehört zur Auffassung des Lebens die Fähigkeit, in dem Sinnlichen ein Übersinnliches unmittelbar anzuschauen. Dieses Übersinnliche wird demjenigen immer entschlüpfen, der nur die Sinne auf die organischen Formen richtet.« Goethe sucht ». . . sich die sinnliche Form einer übersinnlichen Urpflanze vorzustellen.« (vgl. »Geschichte meines botanischen Studiums« in Kürschners Nationalliteratur, Goethes Werke, Band 33, Seite 80.) Goethe sieht »das Sinnliche von einem Übersinnlichen so durchdrungen wie eine gefärbte Fläche von der Farbe«.

Goetheanistische Forschung in unserer Zeit

Obwohl Steiner eine Betrachtungsweise vertrat, die klar von der öffentlichen Auffassung abwich, wurde seine Arbeit dermaßen geschätzt, daß er 1889 einen neuen, ähnlichen Auftrag bekam. Diesmal ging es um die Ausgabe von Goethes Naturwissenschaftlichen Schriften im Rahmen der ersten wissenschaftlichen Goethe-Ausgabe (der sogenannten Sophien-Ausgabe). Sechs Jahre hindurch arbeitete er daran im Goethe-Archiv in Weimar. Die Goethe-Gesellschaft, sein neuer Auftraggeber, zollte ihm warme Worte des Lobes, als er seine Arbeit in Weimar beendet hatte.

Auch wenn demnach das Ergebnis von Steiners Bemühungen – mit üblichem Maß gemessen – recht zufriedenstellend war, so erreichte er doch nicht das, womit er eigentlich gerechnet hatte. Von Anfang an scheint Steiner gehofft zu haben, daß auf Goethes Spuren eine neue Forschungsrichtung entstehen sollte, die, von Laboruntersuchungen und anderen wissenschaftlichen Methoden ausgehend, die Frage nach der wirklichen Natur der Organismen in ein neues Licht rückte. Dies geschah aber nicht. Seine Hoffnung sollte sich viele Jahre später verwirklichen, und dann zunächst noch auf eine andere Art, als er es ursprünglich gedacht hatte.

Im Jahre 1902 fühlte sich Steiner reif, öffentlich hervorzutreten mit der Erfahrung, die er sich nach und nach erworben hatte und die er fortan sein ganzes Leben hindurch mit immer neuen Beispielen beleuchtete: nämlich, daß eine übersinnliche Wirklichkeit tatsächlich existiert und erforscht werden kann mit Hilfe von anderen Sinnesorganen als denen des physischen Körpers.

Den Erkenntnisweg, den Steiner selbst beschritten hatte und den er jetzt anfing anderen zu vermitteln, nannte er Anthroposophie (vom griechischen Anthropos = Mensch und Sophia = Weisheit).

Nach dem Ersten Weltkrieg begann eine Reihe jüngerer Naturforscher sich für die Anthroposophie zu interessieren und insbesondere für Steiners Aussagen über »gestaltende Kräfte«, die in lebenden Organismen wirken und die sich nicht in adäquater Weise beschreiben lassen mit Hilfe der Begriffssprache, die innerhalb der heutigen Physik und Chemie verwendet wird.

Diese Forscher waren gefesselt von der Frage, ob die Existenz solcher Kräfte auf experimentellem Weg, mit rein naturwissenschaftlichen Methoden nachgewiesen werden könnte. Sie diskutierten das Problem mit Steiner, der ihnen einige konkrete Anregungen gab. Diese führten schon während der zwanziger Jahre zu einer Reihe von Forschungsobjekten, die später in verschiedenen wissenschaftlichen Instituten fortgesetzt wurden. Labore, die mit solchen Projekten arbeiteten, gibt es heute u. a. in Deutschland, der Schweiz, England, USA und Schweden.

Zwei der Verfahren, die nach und nach ausgearbeitet worden sind, sollen hier wenigstens andeutungsweise beschrieben werden: »die Kristallisationsmethode« und die »Versuche mit potenzierten Substanzen«.

Einer von Steiners Ratschlägen war, die Wirkungen der formgebenden oder gestaltenden Kräfte zu studieren durch eine Untersuchung der Veränderungen, die sich in einer kristallisierenden Lösung durch Zusatz verschiedener organischer Substanzen vollziehen. In einem Labor in Dornach in der Schweiz wurde Ehrenfried Pfeiffer von einer Mitarbeiterin darauf hingewiesen, daß Kupferchloridlösungen besonders empfindlich reagieren auf Zusätze verschiedener organischer Substanzen. Pfeiffer entwickelte während der zwanziger Jahre dieses Phänomen zu einer Verfahrensweise, die der Einfachheit halber »die Kristallisationsmethode« genannt wird. Die Methode ist durch eine Reihe anderer Wissenschaftler weiterentwickelt worden und hat nach und nach praktische Anwendung gefunden, u. a. in der Lebensmittelforschung und in der Medizin.

Die Kristallisation des Kupferchlorids beruht auf der Tatsache, daß Säfte bzw. Wasserauszüge verschiedener organischer Substanzen eine formgebende Wirkung auf die Kristallisation des Kupferchlorids haben.

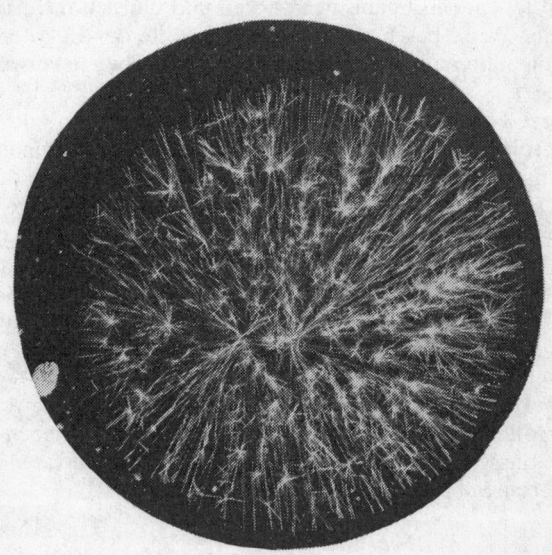

Abb. 6 Kupferchloridkristallisation ohne Zusatz

Die praktische Anwendung geschieht folgendermaßen:

Die Kristallisation wird in einer Klimakammer vorgenommen, in der Temperatur und Luftfeuchtigkeit auf einem Niveau gehalten werden können, die gleichbleibende Versuchsbedingungen gewährleisten. Auf sorgfältig gereinigte Glasplatten gießt man 5–6 ml Kupferchloridlösung (5 %). Bei einer Temperatur von + 30°C benötigt der ganze Kristallisationsvorgang 15–16 Stunden. Während dieser Zeit verdampft das Wasser langsam. Die Lösung wird gesättigt, mit der Zeit übersättigt, was zur Folge hat, daß das Kupferchlorid auskristallisiert. Die Kristallnadeln können kurz oder lang sein. Sie liegen wie zufällig ausgestreut auf der Platte. Kleine, verschiedentlich große, sternförmige Nadelanordnungen sind unregelmäßig über die ganze Fläche verteilt. Dieses Kristallbild ist typisch für Kupferchlorid.

Läßt man Kupferchlorid zusammen mit einem Zusatz von Pflanzensaft auskristallisieren, verwendet man das folgende Verfahren: Einer bestimmten Menge Pflanzensaft (oder Wasserauszug aus Pflanzenteilen) wird eine bestimmte Menge Kupferchloridlösung (5 %) hinzugefügt. Auf jede Glasplatte gießt

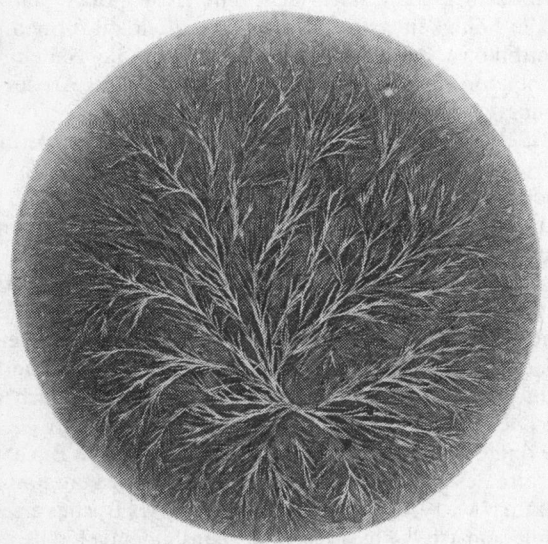

Abb. 7 Kristallbild mit Weizenmehl (Wasserauszug)

man 5 ml dieser Säftemischung. Die Platten sind in der Klimakammer ausgelegt. Während konstanter Verhältnisse verdampft das Wasser dann wie oben.

Die Kupferchloridnadeln, die sich jetzt auskristallisieren, sind zusammengeordnet zu einheitlich gestalteten Nadelverzweigungen. Sie bilden ein Gesamtbild, das über die ganze Fläche der Platte ausgebreitet ist. Die Nadelmuster der Kristallbilder sind oft spezifisch für die betreffenden Zusatzsubstanzen. Sie sind gekennzeichnet durch Schönheit, Gestaltenvariationen und eine bis ins kleinste Detail durchgeführte Ausformung. Die Forscher, die mit dieser Methode gearbeitet haben, stellten fest, daß es die gestaltbildende Kraft des Pflanzensaftes ist, die durch die Kristallisation des Kupferchlorids sichtbar wird. Die Bilder der Kristalle sind reproduzierbar.

Ablesbare Prozesse

Die Kristallisationsuntersuchungen von Pflanzen respektive Pflanzenteilen zeigen, daß die Methode empfindlich ist für den biologischen Zustand der Pflanzensubstanzen. Das kann z. B. festgestellt werden bei der Untersuchung von Roter Beete. Der Saft von sehr kleiner, noch nicht reifer Roter Beete hat noch nicht die Fähigkeit, ein typisches Kristallbild zu formen. Das Gesamtbild ist noch ziemlich ungeordnet, die Nadeln sind schlecht koordiniert und etwas unbestimmt in ihrer Art der Verzweigung.

Parallel zum Reifeprozeß geschehen gewisse Veränderungen im Kristallbild. Die Nadelverzweigungen runden sich und ordnen sich harmonisch über die ganze Platte. Ein bestimmter Verzweigungstypus tritt auf. Ein gut ausgebildetes spezifisches Nadelmuster zeigt sich, wenn die Rote Beete reif ist.

Fortlaufende Untersuchungen während der Lagerzeit zeigen, daß parallel zu dem langsamen Zerfall bestimmte Veränderungen im Kristallbild auftreten. Schritt für Schritt verliert das Nadelmuster seine straffe und feine Ausgestaltung und löst sich auf. Die Nadelverzweigungen werden nach und nach untypisch. Die Gesamtstruktur wird zerstört.

Die obige Beschreibung ist im wesentlichen dem Buch »Gestaltkräfte des Lebendigen« von Magda Engqvist entnommen, (Frankfurt/M. 1970). Eine Fortsetzung dieses Buches erschien 1975 mit dem Titel »Physische und lebensbildende Kräfte in der Pflanze«.

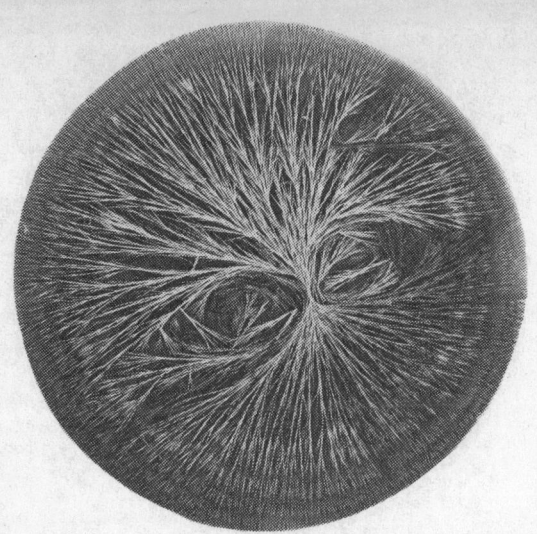

Abb. 8 Kristallbild mit Zusatz von reifen Roten Rüben
(Preßsaft)

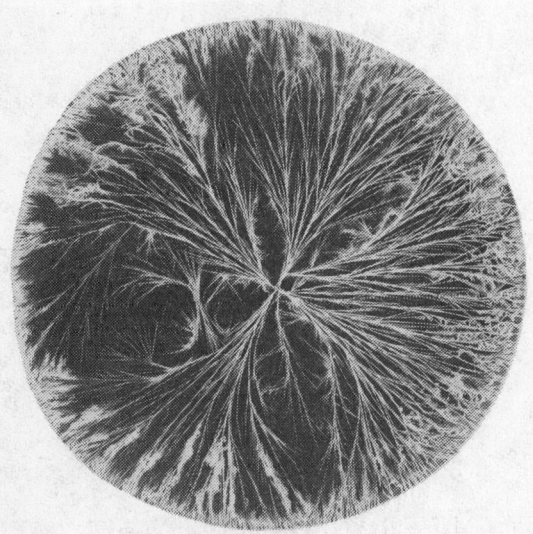

Abb. 9 Kristallbild von lange gelagerten Roten Rüben
(Preßsaft)

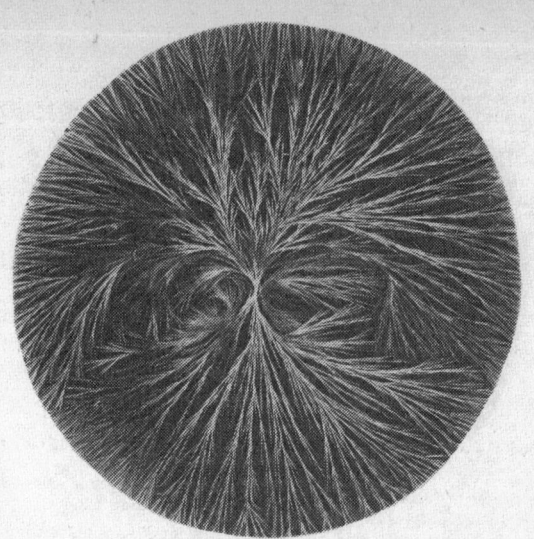

Abb. 10 Kristallbild mit Zusatz von frischen Spinatblättern (Preßsaft)

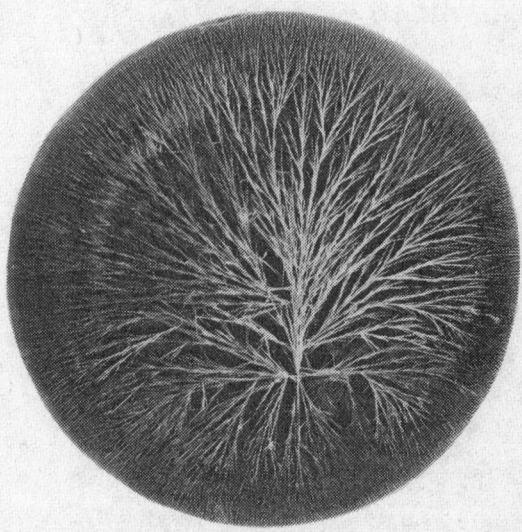

Abb. 11 Kristallbild mit Zusatz von abgestorbenen
Spinatblättern (Preßsaft)

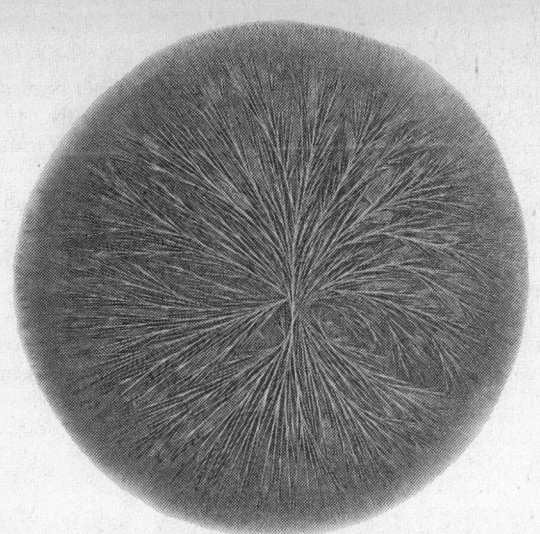

Abb. 12 Kristallbild mit Zusatz von frischen grünen
Bohnenblättern, braune Bohnen (Preßsaft)

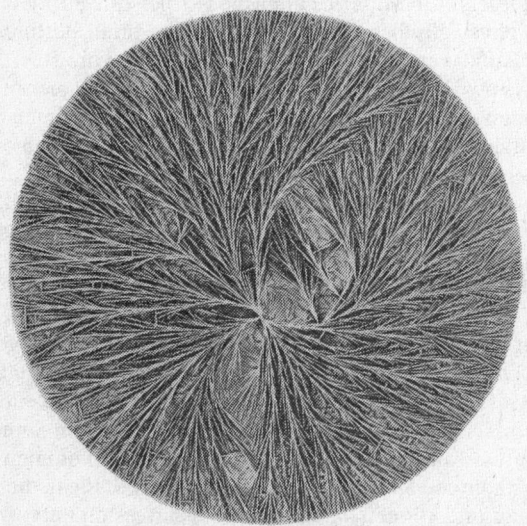

Abb. 13 Kristallbild mit Zusatz von braunen Bohnen,
Same (Wasserauszug)

Fügt man nun eine bestimmte Menge Blut zu einer bestimmten Menge Kupferchloridlösung, zeigen die auskristallisierten Nadelbilder ganz andere Verzweigungstypen als beim Zusatz von Pflanzensäften.

Die betreffende Untersuchungsmethode ist von mehreren Forschern ausgearbeitet worden, u. a. von A. und O. Selawry, die ihre Erfahrungen in »Die Kupferchloridkristallisation in Naturwissenschaft und Medizin« veröffentlicht haben (Stuttgart 1957).

Die Methode erweist sich als hilfreich bei der Diagnostizierung verschiedener Krankheiten, besonders bei Krebs im frühen Stadium.

Gestaltbildende Kräfte

Das Vorwort zu dem Buch »Gestaltkräfte des Lebendigen« verfaßte Professor Walter Heitler. Er weist darin auf folgende, für unseren Zusammenhang interessante Aspekte hin: »In der Welt der leblosen Materie haben die Körper eine Form, die teils durch physikalisches Gesetz, teils durch Zufall bestimmt ist. Unter Zufall verstehen wir die zahllosen nicht vorausberechenbaren Einwirkungen, denen die Körper der Natur meistens unterworfen sind. So ist die Form eines Steines, den wir aus einem Bach holen, weitgehend zufällig. Sie beruht vom Moment des Losbrechens vom Gebirge auf zahllosen Stößen mit anderen Steinen, der Wassererosion usw. Die Form eines Kristalls ist in der Hauptsache durch das strenge physikalische Gesetz bestimmt, das zu klaren, einfachen Oberflächenwirkungen führt.

In der lebendigen Natur ist es anders. Die Gestalt eines Blattes ist weder zufällig noch durch das physikalische Gesetz bestimmt, weshalb wir den Ausdruck Gestalt statt Form gebrauchen. Die Blattgestalt ist vererbt. Aus der Keimzelle läßt sich diese Gestalt mit Hilfe der Physik allein aber nicht ableiten, aus dem einfachen Grund, weil Gestaltbegriffe (in dem Sinne, wie ein Blatt Gestalt hat) in der Physik gar nicht vorkommen.

Physikalische Kräfte wirken nur von einer Stelle in die Nachbarschaft und können daher keine Gesamtgestalt hervorrufen.

Es gibt zwar Biologen, die glauben, daß der ganze Organismus das Resultat physikalischer Wirkung von der Keimzelle an ist. Eine solche Meinung ist durch nichts begründet und widerspricht dem Wesen der Physik sowohl wie dem der lebendigen Gestalten. Ein Blatt hat nicht nur äußere Gestalt, sondern ist bis in den mikroskopischen Bereich durchstrukturiert (Staudinger) im Gegensatz zum Kristall, der bei Verkleinerung der gleiche Kristall bleibt. Er ist homogen bis an die Grenze, wo die Atomstruktur sichtbar wird. Viele Biologen haben klar erkannt, daß im Organismus *gestaltbildende Kräfte* am Werk sein müssen, die nicht in der Physik enthalten sind, und die den Organismus vom Toten wesentlich unterscheiden.

Die materielle Basis des Lebens ist ohne Zweifel die Zelle mit dem Protoplasma, und bis vor kurzem hätte wohl fast jeder Naturwissenschaftler, der überhaupt die Existenz gestaltbildender Kräfte anerkennt, auch angenommen, daß sich diese *nur über das Protoplasma*, d. h. im lebenden Organismus auswirken können. Es war kaum zu vermuten, daß diese gestaltbildenden Kräfte auch auf anorganisches, lebloses Material wirken können, von dem man glauben mußte, daß es ganz und ausschließlich den Gesetzen der Physik unterliegt. Die Experimente von Frau Engqvist (und ihrer Vorgänger) zeigen, daß dies vermutlich nicht der Fall ist.«

Potenzierte Substanzen

Durch eine andere Anregung von Steiner wurde eine Reihe von Untersuchungen veranlaßt, um auf experimentellem Wege die alte Streitfrage zu beantworten, ob potenzierte Präparate (d. h. homöopathische »Verdünnungen«) eine Einwirkung auf organische Substanzen haben können oder nicht.

Eine kurz gefaßte Schilderung des Hintergrundes kann hier am Platze sein.

Der Begründer der homöopathischen Behandlungsmethode, Samuel Hahnemann (1755–1843), arbeitete auf der Basis von Erfahrungen einer langen und erfolgreichen medizinischen Praxis. Von Hahnemann stammt das Verfahren einer schrittweisen Verdünnung und Bearbeitung eines Präparates. Er nannte es »Potenzierung«.

Die angewendete Methode ist im Prinzip die folgende: Wasserlösliche Substanzen werden (in der Regel) 1:10 verdünnt. Man mischt 1 Teil Substanz mit 9 Teilen Wasser und schüttelt die Mischung rhythmisch während einer gewissen Zeit, die durch die Natur der ursprünglichen Substanzen bedingt ist. Handelt es sich um Metalle oder Mineralien, wird Milchzucker als Verdünnungsmittel verwendet. Dann mischt man ein Teil Substanz mit 9 Teilen Milchzucker, was bedeutet, daß die Substanz und das Verdünnungsmittel sich homogen durch Reibung während einer Stunde vereinen.

Ist die Substanz durch eine dieser zwei Verfahrensweisen behandelt worden, bezeichnet man ihren neu erreichten Zustand mit dem Ausdruck D 1 (D = Dezimalpotenz). Davon wird ein Teil der Substanz D 1 mit 9 Teilen frischem Verdünnungsmittel angesetzt und der entsprechende Prozeß wiederholt. Dies führt dazu, daß man die Potenz D 2 erhält. Das setzt man fort bis zu D 30 oder sogar höher. Bei D 6 ist nur noch ein Millionstel, bei D 12 ein Billionstel der Ursprungssubstanz übrig. Wenn man D 23 erreicht hat, ist die Grenze überschritten, die mit dem Ausdruck »Avogadro-Zahl« (6×10^{23}) bezeichnet wird. Dies bedeutet, daß es schwierig wird, auch nur ein einziges Molekül des verdünnten Präparates festzustellen.

Es werden auch andere Verdünnungsverhältnisse als 1:10 angewendet, z. B. 1:5, 1:50 und 1:100.

Die Art, wie Hahnemann die Methode verwendete, basierte ganz und gar auf praktischen Erfahrungen. Er behauptete, daß das Potenzierungsverfahren nicht nur eine Verdünnung bedeutet, sondern auch eine Art Freigabe der Kräfte, die in den Substanzen verborgen waren und die durch die schrittweise Behandlung aktiviert wurden. Er konnte aber keine nähere Beschreibung dieser Kräfte geben.

Eine begrifflich-denkerische Durchleuchtung des ganzen Problems wurde eigentlich erst möglich, als anthroposophisch orientierte Forscher und Ärzte sich damit beschäftigten. Diesen wurde aber bis heute wenig Beachtung geschenkt. Der Gedanke, daß sehr hoch potenzierte Präparate die Wirkung organischer Substanzen erhöhen könnten, wird innerhalb der herkömmlichen Wissenschaft, und vor allem innerhalb der Medizin als eine Form von Aberglaube betrachtet.

Auf dem Felde der modernen Biologie sind jedoch einige Entdeckungen gemacht worden, die zum Nachdenken Anlaß geben sollten. Ein einziges Beispiel soll hier angeführt werden. Dem Nobelpreisträger A. Butenandt gelang es 1959, den Stoff zu analysieren, durch welchen die weibliche Seidenraupe eine männliche Seidenraupe zu sich lockt. Es hat sich gezeigt, daß diese Tiere den Stoff noch wahrnehmen können bei einer Verdünnung, die der 18. Dezimalpotenz entspricht. Obwohl heute eine ganze Reihe Erkenntnisse dieser Art vorliegen, wird das Prinzip der Homöopathie in vielen Ländern immer noch als völlig unwissenschaftlich zurückgewiesen. Dazu sei ein Beispiel aus Schweden angeführt.

In einem Artikel der »Svenska Dagbladet« (einer der größten schwedischen Tageszeitungen) vom 3.12.1973 hat Åke Wahlqvist, ehemaliger Medizinalrat beim Sozialministerium in Stockholm, an Hand eines drastischen Beispiels versucht, das Potenzierungsprinzip als völlig unsinnig darzustellen. Das Thema wurde nachher öfters in öffentlichen Debatten behandelt. Er behauptete, D 19 entspräche der Größenordnung von Kaffee, gekocht mit einer einzigen Bohne und der Wassermenge des Vänersees (des größten Sees Schwedens), berechnet mit der Maximaltiefe von 91 m über den ganzen See. D 20 entspräche einer Bohne gekocht mit 10 solcher Seen usw. Es kann nicht bestritten werden, daß Kaffee, nach diesem Prinzip gekocht, keiner mehr ist. Die Frage ist nur, ob Potenzierung mit Kaffeezubereitung verglichen werden kann.

Freisetzung von Kräften

Die elementarste Frage in diesem Zusammenhang ist ja nicht, welche Wirkungen potenzierte Substanzen auf den menschlichen Körper haben, sondern ob sie überhaupt irgendeine Form von Wirkung aufweisen.

Auf Anregung Rudolf Steiners untersuchte Lili Kolisko Anfang der zwanziger Jahre in einem Labor in Stuttgart, was mit Weizenkeimen geschieht, wenn man sie mit Lösungen von Metallsalzen (Kupfer-, Eisen- und Antimonverbindungen) in verschiedenen Potenzen begießt. Parallel zu diesem Experiment wurden Weizenkeime als Kontrollversuch nur mit Wasser begossen.

Kolisko veröffentlichte ihre Resultate in dem Buch »Physiologischer und physikalischer Nachweis der Wirksamkeit kleinster Entitäten« (Stuttgart 1923). Sie beschrieb dort, daß die untersuchte Metallpotenz eine deutlich nachweisbare Wirkung zeige, die durch Messen und Wiegen der Weizenkeime (ohne Wurzel) festgestellt werden kann. Die Minimalwerte der erreichten Längen wurden bei den Eisensulfatversuchen gemessen und lagen durchgehend bei der Potenz D 16, die Maximalwerte bei den Potenzen 25–29. Die Abweichungen gegenüber den Kontrollserien waren bedeutend.

In seinem Buch »Grundlagen der Potenzforschung« (Stuttgart[3] 1974) stellt Theodor Schwenk fest, daß er bei Wiederholung von Koliskos Eisensulfatversuchen im wesentlichen die gleichen Ergebnisse erzielt hat. Er beschreibt diese Experimente als »eindeutig reproduzierbar«.

In den Jahren 1962–63 vollzog Wilhelm Pelikan eine umfangreiche Serie von Experimenten mit Längenmessung von Weizenkeimen, die in Silbernitratlösungen mit verschiedenen Potenzen (von D8 zu D19) gewachsen waren. Die Versuchstechnik war teilweise neu, äußerst exakt und den wissenschaftlichen Forderungen der Gegenwart genauestens angepaßt. Die Ergebnisse wurden einer von Georg Unger durchgeführten umfassenden mathematischen Bearbeitung zugrunde gelegt. Pelikan und Unger fanden, daß die Minimal- und Maximalwerte sich anders verteilten bei Verwendung von Silbernitrat an Stelle von Eisensulfat. Die gemessenen Unterschiede in der Länge der Pflanzenkeime konnten mit voller, statistisch belegter Sicherheit auf die Unterschiede zwischen den verschiedenen Potenzen zurückgeführt werden. Die Wahrscheinlichkeit, daß die Unterschiede anderen Ursachen zuzuschreiben wären, lag bei nur 1 Promille. (»Die Wirkung potenzierter Substanzen«, Dornach 1965.)

Die Erfahrungen, die auf diesem Gebiet durch zahlreiche Untersuchungen gemacht wurden, sind in dem Buch »Potenzierte Heilmittel« (Stuttgart 1971) zusammengefaßt. Es enthält verschiedene Beiträge kompetenter Fachleute. Aus den gemachten Erfahrungen ergibt sich, daß der stufenweise Potenzierungsprozeß nicht verglichen werden kann mit gewöhnlicher Verdünnung, sondern daß dadurch nach und nach Kräfte immaterieller Natur freigegeben werden, die vorher latent vorhanden waren und charakteristisch für die ursprüngliche Substanz sind. Die bei verschiedenen Substanzen ersichtlichen Wirkungen zeigen, daß diese ihrerseits empfindlich sind für Kräfte dieser Art.

Die Beobachtungen auf dem Forschungsgebiet, das wir hier berührt haben, weisen also in die gleiche Richtung wie die vorhin angeführten Beobachtungen über die Natur der Organismen.

Zusammenfassend kann die Behauptung gewagt werden, daß die Hoffnung, die von einigen anthroposophisch-goetheanistisch orientierten Forschern nach dem Ersten Weltkrieg ausgesprochen wurde – nämlich auf experimentellem Weg die Existenz von nichtmateriellen »gestaltenden Kräften« in der Welt der Organismen nachzuweisen –, auf gutem Wege ist, erfüllt zu werden.

Eine neue, umfassende Anschauungsweise

Die anthroposophischen Forscher stehen heute nicht mehr allein mit der von ihnen vertretenen Betrachtungsweise. Gedankliche Ansätze, die in ähnliche Richtung weisen, gibt es neuerdings sowohl bei einigen Vertretern der offiziellen naturwissenschaftlichen Disziplinen als auch bei einer Reihe von Forschern mit mehr oder weniger unkonventionellen Untersuchungsmethoden.

Eine lesenswerte Zusammenstellung solcher Tendenzen innerhalb der offiziellen Universitätswissenschaft findet sich in Jan Grönholms Buch »Helhetssyn och framtidstro« (Ganzheitliche Betrachtungsweise und Zukunftsglaube, Stockholm 1979).

Grönholm betont unter anderem, daß das Entropiegesetz, der zweite Hauptsatz der Thermodynamik, der eine zunehmende Unordnung innerhalb aller geschlossenen Systeme voraussieht, heute von einigen hervorragenden Forschern in Frage gestellt wird.

Der Biologe und Physiker Lancelot Law Whyte schreibt in »The Universe of Experience«, daß es zwei, scheinbar entgegengesetzte Tendenzen im Universum gibt – auf der einen Seite die Entropie, auf der anderen eine morphologische, formbildende Kraft. Whyte ist der Ansicht, daß man das morphologische, gestaltende Prinzip als das Grundlegende ansehen kann, dem die Entropie letztendlich dient.

Der berühmte Physiker Erwin Schrödinger ist ähnlicher Auffassung. Er verwendet den Begriff »negative Entropie« für das Prinzip, das nach seiner Ansicht alle Organismen auszeichnet.

Der Biologe und Nobelpreisträger Albert Szent-Györgyi spricht statt dessen von »Syntropie«. Er definiert diese Kraft als einen allem Leben einwohnenden »Perfektionstrieb«.

Auch wenn also deutliche Zeichen vorhanden sind, daß eine neue Orientierung in gewissen Kreisen Fuß faßt, muß man sich bewußt sein, daß die traditionelle reduktionistische Einstellung immer noch an den öffentlichen Lehranstalten vorherrscht – und sicher auch noch lange dominierend bleiben wird.

Auf einige der Betrachtungen, die oben angeführt worden sind, scheinen manche Wissenschaftler so zu reagieren wie die gelehrten Professoren zu Beginn des 17. Jahrhunderts in Florenz, die besorgt um die Erhaltung des traditionellen Weltbildes, noch viele Jahre nach der Erfindung des Fernrohres durch Galilei sich konsequent weigerten, mit Hilfe des neuen Instrumentes in den Kosmos hinauszuschauen.

Obwohl manche Forscher jetzt soweit sind, daß sie die Existenz besonderer Kräfte, die im lebendigen Organismus wirken, ahnen oder sogar beweisen können – Kräfte, die offenbar nicht mit Hilfe gängiger wissenschaftlicher Begriffe beschrieben werden können –, stehen wir hilflos vor ihren Entdeckungen, solange wir diese nicht in einem größeren Zusammenhang sehen. Wir brauchen nicht nur neue Tatsachen, wir brauchen vor allem auch einen neuen Denkansatz, der die Tatsachen begreiflich machen kann.

Wenn es tatsächlich Phänomene und Kräfte »nicht-sinnlicher« oder »übersinnlicher« Art gibt, wie können wir unmittelbar Kenntnis von ihnen bekommen? Wie können wir etwas über ihren Ursprung und ihre wirkliche Natur in Erfahrung bringen?

Wollen wir befriedigende Antworten auf diese Fragen finden, können wir nicht bei den gängigen wissenschaftlichen Untersuchungsmethoden stehenbleiben. Wir müssen den Schritt in ein anderes Forschungsgebiet machen – ein Gebiet, auf welchem man systematisch und kritisch nicht nur physische, sondern auch nicht-physische Phänomene zu beobachten und zu beschreiben versucht. Der Erkenntnisweg, den Rudolf Steiner beschrieb, will die Möglichkeit zu einer solchen Forschung eröffnen.

Eine übersinnliche Wirklichkeit

Von einem ehemaligen Waldarbeiter, der mir absolut glaubwürdig ist, bekam ich einmal die folgende Geschichte zu hören.

Er stand mit dem Rücken gegen eine Bergwand und fällte
gerade eine Tanne. Als die Tanne zu Boden fiel, drehte sie ab,
und er wurde zwischen dem Baum und der Wand eingeklemmt.
Er fühlte, wie der schwere Stamm seine Brust immer mehr zu-
sammenpreßte und wurde von Angst ergriffen.

Jetzt geschah etwas Seltsames. Er nahm seinen verstorbenen
Großvater wahr, der neben ihm stand und zu ihm sprach. Sein
Großvater war auch Waldarbeiter gewesen und war in einer
ähnlichen Situation ums Leben gekommen.

Der Großvater forderte ihn jetzt auf, sich mit aller Energie zu
befreien.

Dem Waldarbeiter gelang es unter größter Anstrengung, den
Baumstamm ein wenig zur Seite zu stemmen. Er sank zu Boden. Als er dann ausgestreckt auf dem Rücken im Moos lag,
bemerkte er, daß sein Brustkorb zusammengedrückt war. Jetzt
erst verlor er sein ›normales‹ Bewußtsein. Sein ganzes Leben
begann sich vor ihm wie ein Panorama abzurollen. Die Bilder
begannen mit der Situation, in der er sich gegenwärtig befand,
und liefen rückwärts ab bis zu seiner Kindheit. Sie waren lebendig und intensiv. Er erlebte sie so, als ob er mitten im Geschehen wäre.

Als er auf eine Reparaturarbeit an einem alten Bauernhaus
zurückblickte, kam ein überraschender Einschlag in das Bild.
Er »schaute«, wie Menschen in Trachten des 18. Jahrhunderts
an dem Bau arbeiteten. Bilder aus einem ganz anderen Zeitalter mischten sich also in seinen Rückblick ein.

Als sein »Lebenspanorama« die Bilder seiner frühesten
Kindheit erreicht hatte, fing es an, sich in der umgekehrten Reihenfolge aufzurollen, bis er wieder in seiner momentanen Situation aufwachte. Er fühlte sich besser, und sein Brustkorb
dehnte sich wieder aus. Nach einiger Zeit konnte er nach Hause
gehen.

Ähnliche Erfahrungen sind von Menschen geschildert worden, die beispielsweise nahe am Ertrinken waren, einen schweren Unfall erlitten oder von einer Höhe abstürzten. Der deutsche Universitätsprofessor Julius Bahle hat in einer Schrift über die Psychologie des Sterbens »Keine Angst vor dem Sterben« (Hemmenhofen 1963) eine Reihe zuverlässiger Zeugnisse gesammelt über diese Art von Erlebnissen. Das Lebenspanorama scheint oft – genau wie in der obigen Erzählung – in umgekehrter Folge, in der Richtung zur Kindheit hin abzulaufen.

Die Bilder unterscheiden sich von gewöhnlichen Erinnerungsvorstellungen sowohl durch ihren oft blitzartigen Verlauf als auch durch ihre außerordentliche Intensität. Eine der befragten Personen sagte:

»Es waren keine Erinnerungen, sondern ein nochmaliges Erleben. Ich habe alles so gesehen, wie es damals war, also auch kein Nacherleben. Ich habe mich in dem Alter empfunden, in dem ich es früher erlebte.«

Daß Menschen in besonderen Situationen ihr »Gedächtnispanorama« erleben können, ist also ein gut bestätigtes Phänomen. Das Erlebnis ist aber manchmal verbunden mit Einschlägen, die direkt rätselhaft erscheinen.

Eine Reihe Erlebnisse ähnlicher Art beschreibt der amerikanische Psychiater Raymond A. Moody in seinem Buch »Leben nach dem Tode« (Hamburg 1977).

Leben nach dem Tode

Die Erzählungen Moodys beruhen auf Aussagen von etwa 150 Menschen, die sich alle in der Nähe des Todes befunden haben, aber wieder ins Leben zurückgebracht wurden. Sie erzählten ihm, was sie während ihrer tiefen Bewußtlosigkeit erlebten.

Moody hebt hervor, daß die meisten der Patienten vor ein paar Jahrzehnten vermutlich gestorben wären. Sie wurden in das irdische Dasein zurückgeholt dank fortschrittlicher medizinischer Maßnahmen, die erst in neuester Zeit möglich geworden sind (Adrenalinspritzen direkt ins Herz, Einsatz einer Herz-Lungen-Maschine usw.).

Es zeigt sich, daß viele der befragten Patienten einen anderen Bewußtseinszustand als den normalen erlebten, während ihr kranker oder verletzter Körper in tiefem Koma lag. Einige der Aussagen konnten bis zu einem gewissen Grade kontrolliert werden. So erzählten zum Beispiel einige Patienten später, was mit ihrem Körper geschehen war, während sie auf dem Operationstisch lagen oder unter zusammengestürzten Mauern hervorgezogen wurden. Ihre Schilderungen wurden von Menschen bestätigt, die an den Rettungsarbeiten teilgenommen hatten. Weil die Bestätigungen im nachhinein abgegeben worden sind, können sie jedoch – darauf weist Moody besonders hin – nicht als schlüssiger Beweis angesehen werden. Dennoch gibt es eine Reihe Umstände, die dafür sprechen, daß die Erzählungen der Patienten einen ziemlich hohen Wahrheitsgehalt haben.

Schilderungen von Patienten, bei denen der Einfluß von Drogen oder starken Medikamenten vermutet werden mußte, sind aus dem Bericht ausgeschlossen. Die Erlebnisse, worüber berichtet wird – betont Moody –, haben sich alle zu einem Zeitpunkt abgespielt, da noch keine medizinischen Maßnahmen ergriffen worden waren. Sie können also nicht als Folge solcher Maßnahmen betrachtet werden.

Die Gewährsleute dürfen als zuverlässig betrachtet werden: »Die Personen, mit denen ich gesprochen habe, sind keine Psychotiker. Ich habe sie kennengelernt als emotional ausgewogene, normale Leute, die als nützliche Glieder der Gesellschaft leben. Sie üben einen Beruf aus und stehen auf wichtigen Posten, die sie verantwortungsvoll ausfüllen. Sie leben in stabilen Ehen und kümmern sich um ihre Familien und Freunde. So gut wie keiner von meinen Gesprächspartnern hatte mehr als ein unerklärliches Erlebnis im Laufe seines Lebens. Und schließlich ist es am bedeutungsvollsten, daß diese Informanten Leute sind, die sehr genau unterscheiden können zwischen Träumen und wachem Erleben.«

Weil die Personen ausgeglichen waren, machte es einen starken Eindruck, daß sie von dem Geschehen so bewegt waren. »Ich habe erlebt, wie erwachsene Menschen, reife und seelisch ausgeglichene Persönlichkeiten, die Fassung verloren und in Tränen ausbrachen, wenn sie mir von Begebenheiten erzählten, die manchmal über dreißig Jahre zurücklagen. Ich habe in dem, wie sie sich äußerten, Aufrichtigkeit, menschliche Wärme und Gefühlsoffenheit verspürt, wie sie keine schriftliche Wiedergabe je dem Leser vermitteln könnte. Für mich ist daher auf eine Weise, die für die meisten leider nicht nachvollziehbar ist, jeglicher Verdacht, die Berichte könnten bloße Phantasieprodukte sein, vollkommen absurd.«

In mehreren Fällen wird die Erzählung eingeleitet mit der Schilderung, wie der Patient starke Tonphänomene erlebte –

oft wie eine Art Rauschen oder Dröhnen – und dann in etwas Dunkles hineingeriet: eine »Höhle«, ein »Rohr«, einen »Tunnel«. Auf der anderen Seite dieses dunklen Feldes wurde ein nach und nach immer größer werdendes Licht sichtbar, das sich zu einer Art Wesen verdichtete. Moody faßt die Schilderungen mit diesen Worten zusammen:

»Ungeachtet seiner ungewöhnlichen Erscheinungsform hat keiner der Beteiligten auch nur den leisesten Zweifel daran geäußert, daß dieses Licht ein lebendes Wesen sei, ein Lichtwesen. Und nicht nur das: es hat personalen Charakter und besitzt unverkennbar persönliches Gepräge. Unbeschreibliche Liebe und Wärme strömen dem Sterbenden von diesem Wesen her zu. Er fühlt sich davon vollkommen umschlossen und ganz darin aufgenommen, und in der Gegenwart dieses Wesens empfindet er vollkommene Bejahung und Geborgenheit.«

Kurz nach seinem Erscheinen fängt das Wesen ein »Gespräch« mit dem Sterbenden an und fragt, was er während seines Erdendaseins erlebt hat, das wert ist, vorgewiesen zu werden. Wie eine Art Antwort beginnt ein »Lebenspanorama« sich abzurollen – in der oben geschilderten Weise.

Ein interessanter Einschlag in den Erzählungen sind die Schilderungen der Patienten über ihr Befinden während der Dauer des Erlebnisses. Sie empfanden sich wie eingehüllt in eine andere Art der Körperlichkeit als der gewöhnlichen, und diese Hülle beschreiben sie wie einen »Nebel«, einen »Rauch«, eine »Farbwolke«, ein »Kraftfeld«.

Die Angaben besagen übereinstimmend, daß der spirituelle Leib eine Gestalt bzw. erkennbare Umrisse besitzt (manchmal erscheint er als kugelige oder formlose Wolke, manchmal jedoch auch im wesentlichen in der gleichen Gestalt wie der physische Leib). Außerdem wird er als gegliedert bezeichnet (mit Extremitäten oder Oberflächen entsprechend Armen, Beinen, Kopf usw.).

Ein oft beschriebenes und interessantes Phänomen ist, daß das »Kraftfeld« ohne weiteres seine Grenzen überschreiten zu können scheint und außerhalb seiner selbst Befindliches erleben kann. In einer der Schilderungen heißt es: »Viele Menschen rannten um den Unfallwagen herum, und es war überhaupt eine Menge los. Doch jedesmal, wenn ich den Blick auf eine bestimmte Person richtete, um herauszukriegen, was sie sich wohl so dachte, hatte ich ein Gefühl, als ob ich wie mit einem Zoom-Objektiv ganz dicht an sie heranfahren könnte, und schon war ich genau an der jeweiligen Stelle. Und doch blieb anscheinend immer ein Teil von mir – ich nenne ihn jetzt einmal mein Bewußtsein – dort zurück, wo ich mich befunden hatte, nämlich mehrere Meter von meinem Körper entfernt. Wenn ich jemanden in einiger Entfernung sehen wollte, schien sich ein Teil von mir wie mit Fühlern zu ihm hinzubewegen.«

In einer Fortsetzung seines Buches »Nachgedanken über das Leben nach dem Tod« betont Moody, daß er inzwischen noch mit sehr vielen Menschen, die Erlebnisse in der Nähe des Todes gehabt haben, in Berührung gekommen ist. »Ich stoße zur Zeit in so rascher Folge auf immer neue Fallbeispiele für dieses Phänomen, daß ich mit dem Nacherzählen gar nicht mehr hinterherkomme. Wie bei meiner vorangegangenen Untersuchung, so waren auch diesmal wieder einige der Betroffenen für klinisch tot erklärt worden, während andere dem Tode nur sehr nahe gekommen sind, bei einem schweren Unfall zum Beispiel.« In der Fülle des neuen Materials tauchten regelmäßig die fünfzehn gemeinsamen Elemente wieder auf, die in »Leben nach dem Tode« erörtert worden waren.

»... Es zeigte sich mir nämlich, daß mehrere andere Mediziner – am bekanntesten darunter Frau Dr. Elisabeth Kübler-Ross – auf demselben Forschungsgebiet tätig waren und zu deckungsgleichen Ergebnissen gekommen waren. Als Frau Dr. Kübler-Ross ein Vorausexemplar meines ersten Buches zugeschickt bekam, konnte sie doch tatsächlich meinem Verleger schreiben, sie hätte dieses Manuskript selber verfaßt haben können nach allem, woran sie gearbeitet hatte. Sie teilte mit, sie verfüge gegenwärtig über mehrere hundert solcher Berichte und bereite nunmehr ein größeres Buch über dieses Thema vor. Zahlreiche Ärzte und Theologen haben mir ebenfalls bezeugt, sie hätten schon seit langem einzelne Fallbeispiele für dieses Phänomen gekannt und hätten auch geahnt, daß es doch recht weit verbreitet sein müsse.

Wenn ich früher einen Vortrag über dieses Thema hielt, haben sich Zuhörer, die selber konkret mit dem Phänomen ihres eigenen Todes in Berührung gekommen waren, hinterher eingefunden und wollten mit mir unter vier Augen sprechen. Seit einigen Monaten dagegen fällt mir eine ganz neuartige Offenheit und Aussagebereitschaft auf. Manch einer steht auf und erzählt während der Diskussion nach meiner Aussprache öffentlich und unaufgefordert von seinen Erlebnissen ... Auf Grund dieser und noch vieler anderer Ereignisse ähnlicher Art kann ich nunmehr mit ruhiger Gewißheit sagen, dieses Phänomen – was es auch immer letzten Endes bedeuten mag – ist *wirklich* etwas Häufiges. Ja, es ist so weit verbreitet, daß nach meiner Überzeugung schon sehr bald die Frage nicht mehr lauten wird, ob es ein solches Phänomen tatsächlich gibt, sondern vielmehr: was können wir damit anfangen?«

Der Wahrheitswert der Erzählungen

Der selbstverständliche Einwand, der angeführt werden kann gegen den Wahrheitswert dieser Schilderungen, ist der, daß es sich hier um Halluzinationen handelt – d. h. Sinneseindrücke (oft Seh- oder Hörerlebnisse), die hervorgerufen werden, ohne daß das entsprechende Sinnesorgan irgendwie gereizt worden ist. Halluzinationen, wie sie beschrieben werden in der gängigen psychologischen und psychiatrischen Literatur, können meistens auf rein physische Ursachen zurückgeführt werden: einen Krankheitszustand, eine Vergiftung, ein überreiztes Nervensystem.

Aber wie zutreffend ist eigentlich ein solcher Einwand in diesem Falle?

Wie bereits erwähnt, hat Moody aus seinem Material alle die Erlebnisse ausgesondert, die auf Wirkungen von Drogen oder Medikamenten beruhen könnten. Die Aussagen der Patienten deuten nicht darauf hin, daß sie ihr Seelenleben als mehr vom physischen Körper abhängig denn sonst empfanden – was der Fall ist bei einer Halluzination –, sondern sie fühlten sich im Gegenteil »befreit« vom verletzten physischen Organismus. Kann man ohne weiteres dieses Erlebnis als illusionär abfertigen?

Ein anderer Einwand, der etwa auf der gleichen Ebene liegt, besteht darin, daß die Erlebnisse zurückgeführt werden können auf Sauerstoffmangel im Gehirn (cerebral Anoxia). Moody, der selbst Arzt ist, betont, daß diese Erklärung »…übersieht, daß alle die genannten Symptome – das Geräuschehören, die panoramahafte Erinnerung und die Begegnung mit dem Licht – auch bei Todesnähe-Erlebnissen aufgetreten sind, bei denen die Blutzufuhr zum Gehirn keine Sekunde unterbrochen war«. Er betont auch, daß Patienten gewisse Erlebnisse in der Nähe des Todes hatten, bei denen noch kein offensichtlicher klinischer Tod eingetreten war, daß diese Fälle aber Züge aufwiesen, die identisch mit denen waren, bei denen ein solcher »Tod« sich vorübergehend ereignet hatte. Wer Stellung nehmen möchte zu dem Wahrheitsgehalt dieser Berichte, sollte auch den Umstand beachten, daß ein großer Teil der befragten Personen erklärte, ihr Leben hätte sich durch das Erlebte verändert.

»Viele haben mir gesagt, sie hätten ihr Leben als erweitert und vertieft empfunden durch ihre Erfahrung, sie wären hinterher nachdenklicher geworden und hätten sich mehr mit den großen philosophischen Fragen beschäftigt.«

Eine solche Tatsache scheint vielleicht nicht unmittelbar wesentlich. Es ist aber aus Gründen, die angegeben werden sollen, durchaus berechtigt, großen Wert auf gerade diesen Umstand zu legen.

»Echte« übersinnliche Erlebnisse

Es liegt in der Natur der Sache, daß manche Menschen nach derartigen inneren Erfahrungen Schwierigkeiten haben, einen kritischen Abstand zu dem Erlebten zu bekommen. Ab und zu stößt man aber auch auf Ausnahmen dieser Regel. Ein Schriftsteller, der diesen Zustand erlebt hat und der sehr genau den Unterschied zwischen halluzinatorischen und »reellen« Erlebnissen dargestellt hat, ist Richard Wurmbrand, der bekannte rumänisch-amerikanische Bischof, der nach dem Zweiten Weltkrieg viele Jahre lang in seinem Heimatland im Gefängnis saß.

Wurmbrand wurde mehrmals schwer gefoltert. An einer Eisenstange mit den Händen und Knien hängend, eine Kapuze über den Kopf gezogen, wurde er gepeitscht, bis seine Fußsohlen zerfleischt waren. Im Laufe der Zeit mußte er die ganze Sammlung an Folterwerkzeugen der Geheimpolizei kennenlernen – doch ohne die Aussagen zu machen, die man ihm abzwingen wollte.

In seinem physisch geschwächten Zustand erlebte er in der Einsamkeit seiner Zelle zahlreiche Halluzinationen, die er in »Mit Christus 14 Jahre in kommunistischen Gefängnissen« beispielhaft schildert.

»Köstliche Gerichte erschienen vor meinen Augen, aufgetragen auf einem Tisch, der weit über die Grenzen meiner Zelle reichte. Von weit her sah ich meine Frau kommen. Sie trug eine Platte, hochbeladen mit dampfenden Würstchen. Doch ich knurrte sie an: Ist das alles? Sie sind ja so klein.«

Zuweilen erlebte er in inneren Bildern, wie er Gewalttaten an jenen beging, die ihn ins Gefängnis gebracht hatten, und sehr häufig »sah« er sich in sexuelle Akte verschiedener Art verwickelt.

Wurmbrand betont, daß er neben diesen unterschiedlichen, illusorischen Eindrücken auch Erfahrungen ganz anderer Art machte. Obwohl er protestantischer Bischof war und demzufolge einer theologischen Auffassung huldigte, der visionäre Erlebnisse ganz fremd sind, wurde er manchmal in Zustände versetzt, in denen er sich mehr oder weniger vom Körper befreit fühlte und »geistigen Wesen« begegnete, die ihm Kraft und sogar Gesundheit gaben.

Er erzählt selber, daß er durch eine Begegnung mit seinem »Schutzengel« eine Verbesserung seiner physischen Gesundheit erleben durfte (er überwand die Tuberkulose, die er im Gefängnis bekommen hatte).

Sein zusammenfassendes Urteil über diese Erlebnisse lautet wie folgt: »Diese Visionen halfen, mein Leben zu erhalten; das allein beweist schon, daß es sich hier nicht um bloße Halluzinationen handelte.«

Ein grundlegender Unterschied zwischen Halluzinationen und »echten« übersinnlichen Erlebnissen liegt also darin, daß letztere eine tiefgehende Bedeutung für den Menschen und sein Leben bekommen können, während die rein illusionären Erlebnisse keine derartigen Folgen aufweisen.

Mit welchem Recht sprechen wir aber von »echten« übersinnlichen Erlebnissen? Die folgende Darstellung kann auf diese Frage Antwort geben.

Eine Aufforderung an den Leser

Versuchen wir jetzt, uns in einem wichtigen Punkt einig zu werden: Es gibt keine Fakten und keine Argumente, die den Wahrheitsgehalt derartiger Schilderungen beweisen können (oder Gegenbeweise bringen können). Allein durch eigene Erfahrung könnte man Gewißheit auf diesem Gebiet erreichen. Dieses Buch möchte zeigen, daß die Möglichkeiten, solche Erfahrungen zu machen, größer sind, als wir in der Regel glauben.

Ein erster Schritt auf dem Wege zu eigener Urteilsbildung und eigener Einsicht liegt darin – gemäß Rudolf Steiner –, zunächst einmal die Schilderungen »übersinnlicher« Erlebnisse anderer Menschen hinzunehmen und genau und kritisch zu durchdenken. So soll mit den folgenden Ausführungen Material für ein solches besinnungsvolles Nachdenken geliefert werden, das Schritt für Schritt dargelegt wird. Deshalb sollte der Leser sich ganz unvoreingenommen einen Überblick über alle Kapitel verschaffen, bevor er dazu Stellung nimmt.

Das ätherische Kraftfeld

Die Erlebnisse und Erfahrungen, die oben wiedergegeben worden sind, haben das Gemeinsame, daß sie sich »in der Nähe des Todes« abgespielt haben.

Aber was ist eigentlich der Tod?

Wer einmal mit stiller Aufmerksamkeit erlebt hat, was mit dem Körper eines Menschen im Todesaugenblick und in den darauffolgenden Tagen geschieht, der macht eine tiefgreifende Erfahrung. Der Körper, den man da vor sich sieht, war gestaltet und erhalten worden von einer unsichtbaren Kraft, die jetzt unbestreitbar nicht mehr wirkt. Nach und nach treten wächserne Blässe, Steifheit, die Totenflecken und andere Zeichen beginnender physiologischer Zerfallsprozesse auf. Was ist denn dieses »Etwas«, das Tag und Nacht durch das ganze Leben hindurch den physischen Organismus aufgebaut und dessen Zerfall verhindert hatte?

Der Leser hat sicher gemerkt, daß genau dieses »Etwas« im vorhergehenden Kapitel geschildert wurde – ohne daß es mit einem bestimmten Namen näher bezeichnet wurde. Jetzt haben wir aber so viele Beobachtungen gesammelt, daß wir es wagen können, für diese Kräfte, deren Wirkungen wir zu studieren versuchen, einen Ausdruck zu prägen.

Steiner nannte sie »ätherisch«. Er behauptet, daß sie von demjenigen wahrgenommen werden können, der sein inneres Auffassungsvermögen intensiv genug geschult hat.

Der Mensch kann lernen, das übersinnliche Kraftfeld zu beobachten, das seine eigene Existenz aufrechterhält. Nach und nach kann er durch fortlaufende, energische innere Arbeit erreichen, die Kraftfelder, die in anderen Lebewesen wirken, zu erkennen. Vergleicht man das ätherische Kraftfeld einer Pflanze mit dem eines Menschen, zeigen sich tiefgreifende Unterschiede.

Bei der Pflanze bleiben gewisse Organe ihrer früheren Entwicklungsstadien in der äußeren Gestalt erhalten. Davon zeugen z. B. die Stengelblätter. Beim Menschen ist das anders: Die Arme und Beine, die er als Säugling hatte, werden nicht als welke Anhängsel am Organismus aufbewahrt. Sie werden während des Wachstums im Ganzen umgewandelt und sind schließlich fertig gebildete Glieder an der Gestalt des Erwachsenen.

Bei der Pflanze deutet nichts darauf hin, daß sie im eigentlichen Sinne »ein Gedächtnis« hat. Was der Mensch hingegen erlebt, behält er in seinem Innern als eine »Erinnerung«. Wenn er stirbt oder dem Tode nahe ist, werden die Spuren seiner Erlebnisse freigegeben. Das »Gedächtnispanorama« wird sichtbar. Derjenige, der dabei vor das Panorama gestellt wird, nimmt dann das eigene ätherische Kraftfeld in einem Augenblick wahr, in dem es sich auf eine ganz besondere Weise betätigt – nämlich dann, wenn es im Begriff ist, sich vom physischen Körper zu lösen.

Wagen wir uns vorzustellen, daß es so ist, dann werden die Unterschiede zwischen unseren gewöhnlichen Gedächtnisbildern und den Bildern, die im Gedächtnispanorama erlebt werden, ganz verständlich. Die im täglichen Leben hervorgerufenen Erinnerungsbilder werden als undeutlich und sehr blaß erlebt. Die Bilder aber, die im Gedächtnispanorama auftauchen, zeigen sich als intensiv und reell, weil sie auf eine unmittelbare Weise erlebt werden – scheinbar ohne Vermittlung des physischen Körpers.

In der anthroposophischen Literatur wird das ätherische Kraftfeld mit dem Namen »Ätherleib« bezeichnet. Die Bezeichnung hat den Nachteil, daß sie an etwas Physisches denken läßt, obwohl es sich tatsächlich um ein »übersinnliches« Phänomen handelt.

In einem seiner grundlegenden Werke, »Die Geheimwissenschaft im Umriß« (GA 13), hat Rudolf Steiner die folgende Beschreibung des ätherischen Kraftfeldes und dessen Wirkungsfeld gegeben: »Alle Organe werden in ihrer Form und Gestalt durch die Strömungen und Bewegungen des Ätherleibes gehalten. Dem physischen Herzen liegt ein ›Ätherherz‹ zugrunde, dem physischen Gehirn ein ›Äthergehirn‹ usw. Es ist eben der Ätherleib in sich gegliedert wie der physische Leib, nur komplizierter, und es ist in ihm alles in lebendigem Durcheinanderfließen, wo im physischen Leibe abgesonderte Teile vorhanden sind.«

In einem anderen Zusammenhang schildert Steiner, wie das

ätherische Kraftfeld, wenn es vom physischen Körper freigemacht wird, in einem gewissen Grade seine Form ändern und
»sich ausdehnen« kann in der vom Menschen gewünschten
Richtung.

Die Übereinstimmung mit den Schilderungen von Dr. Moodys Patienten ist, wie daraus hervorgeht, auffallend.

Die übliche Auffassung über den Menschen

Die Erfahrungen, die in diesem Kapitel beschrieben werden,
stehen in Widerspruch zu der üblichen naturwissenschaftlichen
Menschenauffassung. Viele, vielleicht die meisten gebildeten
Menschen im Abendlande stellen sich ja vor, das Bewußtsein
des Menschen sei nur ein sekundäres Phänomen, eine Art Ne-
benprodukt der materiellen Prozesse, die sich im Nervensystem
und im übrigen Körper abspielen (»das Gehirn sondert Gedanken ab wie die Nieren Urin«). In der Sprache der Wissenschaftler
wird diese Anschauung mit dem Namen Epiphänomenalismus
bezeichnet. Ein innerer Zustand, in welchem das Bewußtsein
des Menschen ganz oder teilweise vom Körper freigemacht wird,
ist für diese Anschauungsweise nicht vorstellbar.

Die übliche Auffassung ist wohl oft weder von den Laien
noch von den Forschern besonders durchdacht. Ein schwedi-
scher Psychiater, Nils-Olof Jacobson, hat in seinem »Leben
nach dem Tod?« (Uddevalla 1972) darauf hingewiesen, wohin
diese Anschauung eigentlich führen müßte, womit sich aber
vielleicht nicht alle seine Bekenner einverstanden erklären
könnten:

»Der Epiphänomenalist meint beispielsweise, daß der materielle Prozeß: ein brennendes Zündholz an der Haut, einen
physischen Prozeß verursacht: das Erlebnis, das mit Schmerz
bezeichnet werden kann. Dagegen kann man nichts einwenden. Andere Tatsachen können aber in anderer Richtung gedeutet werden, so daß ein physischer Prozeß: der Wunsch, eine
Hand zu erheben, einen materiellen Prozeß verursacht: die
Hand wird erhoben. Daß alle physischen Zustände ohne Ausnahme von chemischen Zuständen im Gehirn verursacht werden sollten, ist keine erwiesene Tatsache, sondern nur eine Annahme aus einigen bekannten Tatsachen. Andere Tatsachen
können gegen diese Annahme sprechen.«

Solche Tatsachen existieren wirklich. Versetzt man beispielsweise einen Menschen in einen physiologischen Zustand, der einem aufgeregten Gefühl entspricht, so entstehen dadurch noch lange nicht die für diesen Zustand charakteristischen Emotionen. Diese können nämlich nur durch reelle Erlebnisse hervorgerufen werden.

»Eine wesentliche physiologische Folgeerscheinung von Ärger, Angst und anderen Formen des Aufgeregtseins bei Tieren und Menschen ist die erhöhte Absonderung von Adrenalin vom Nebennierenmark ins Blut. Der Adrenalinzuckergehalt steigert die Aussonderung von Blutzucker durch die Leber. Der starke Blutzuckergehalt erhöht die Herztätigkeit und stärkt den Energievorrat der Muskeln. Man hat diese gesteigerte Adrenalinabsonderung im Blut bei erschreckten Katzen oder rasenden Ratten gefunden, ebenso bei Fußballspielern vor einem Spiel und bei Studenten vor einer Prüfung.

Man hat nun Versuchspersonen die gleiche Menge Adrenalin, die im Zustand starker Affekte normalerweise produziert wird, eingespritzt. Es entstanden die gleichen hitzigen Reaktionen wie im Zustand von Zorn. Die Mehrzahl der Versuchspersonen verneinten aber, daß sie irgendwelche Affekte, weder Zorn noch Angst fühlten. Was sie erlebten, waren bloß, wie sie ausdrückten, »Als-ob-Gefühle«, »kalte Gefühle«, die Erinnerungen wachriefen an andere ähnliche physiologische Zustände, in denen sie wirkliche Affekte gefühlt hatten« (John Landquist, »Psykologi«, Stockholm 1946).

Einer der interessantesten und auch am meisten beachteten Versuche, die während der letzten Jahre gemacht worden sind, um den Zusammenhang zwischen »Körperlichem« und »Seelischem« zu studieren, ist von dem berühmten kanadischen Neurochirurgen Wilder Penfield durchgeführt worden. Ich möchte in aller Kürze einige seiner wichtigsten Beobachtungen schildern.

Wilder Penfields Forschungen

Während seiner lebenslangen Arbeit mit Epileptikern und anderen Patienten mit Schäden des zentralen Nervensystems versuchte Penfield den Cortex (die Großhirnrinde) kartographisch aufzunehmen, um herauszufinden, welche Gebiete von vitaler Bedeutung für die Patienten waren – und demzufolge nicht operiert werden durften. Er sammelte einmaliges, umfassendes

Material über die Wirkungen, die hervorgerufen werden, wenn verschiedene Punkte der Rinde in einem freigelegten Menschengehirn durch schmale Elektroden stimuliert werden.

Die Patienten saßen bequem und spürten keinen Schmerz. Sie erzählten ausführlich von den Erlebnissen, die sie hatten, wenn auf verschiedene Stellen Reizungen ausgeübt wurden. Die Reaktionen waren äußerst verschieden. Gewisse Reize erzeugten das »Wiedererleben« von intensiven Bildern aus ihrem bisherigen Leben. Andere Impulse führten zum Ausstoßen von Lauten, zum Bewegen verschiedener Körperteile oder zu Halluzinationserlebnissen (vor allem Seh- und Gehöreindrücken) verschiedener Art. Die Patienten wurden jedoch nie veranlaßt, über Probleme nachzudenken oder Entscheidungen zu treffen usw. Die »zentralen« psychischen Funktionen wurden also niemals aktiviert.

Als Penfield die Versuchspersonen dazu bringen konnte, unfreiwillig die Hand oder sonst einen Körperteil zu bewegen, war der ewige Kommentar: »Das habe nicht ich hervorgerufen, sondern Sie!«

Penfield kam zu der Schlußfolgerung, daß der Teil des Menschenwesens, mit dem er durch seine Versuche in Berührung kam, nur das physische Gehirn war und nicht die kontrollierende, lenkende Instanz, die er »mind« (Seele, Psyche) nannte.

Er sah sich nicht in der Lage, festzustellen, ob die Psyche immaterieller Natur sei oder nicht, kam aber zu der Überzeugung, daß sie unabhängig vom zentralen Nervensystem existieren mußte und daß sie, weil sie das Gehirn beeinflussen kann, über eine Art Energie verfügt.

Da er sich bisher immer mit der landläufigen Auffassung über den Ursprung des Bewußtseins zufriedengegeben hatte, empfand er die neuen Gedanken als umwälzend. Daraufhin schrieb er sein Buch »The Mystery of the Mind« (Princeton University, 1975), worin er versuchte, die Erfahrungen seines ganzen Forscherlebens zusammenzufassen und seine veränderte Auffassung darzulegen. Dort heißt es u. a.:

»Weil es mir als sicher scheint, daß es immer ganz unmöglich sein wird, die Psyche als eine Funktion von Neuronaktivitäten im Gehirn zu erklären, und weil die Seele sich offenbar auf unabhängige Weise entwickelt und reifer wird [gemeint ist eine vom Leibe unabhängige Weise, F. C.] während das Individuum lebt, und weil ein Computer – das Gehirn ist nichts anderes – programmiert werden muß und von einer Instanz, die selbständig denken kann, gelenkt werden muß, bin ich gezwungen, die Hypothese zu wählen, die besagt, daß unserem Wesen fundamentale Elemente zugrunde liegen müssen (nämlich ›Körper‹ und ›mind‹ als zwei selbständige Funktionen).«

Falls die Ideen Penfields richtig sind, wie soll man sich dann das Zusammenspiel zwischen der Psyche und dem Gehirn vorstellen?

Will man auf diese Frage eine Antwort haben, kann es hilfreich sein, an einige weitere Beobachtungen anzuknüpfen, die innerhalb der modernen Gedächtnisforschung gemacht worden sind.

Karl Lashleys Forschungen

Der amerikanische Neurologe K. S. Lashley gab sich mit den landläufigen Vorstellungen über Gehirn und Bewußtsein nicht zufrieden. Er widmete sein Leben dem Versuch, die »Engramme« zu finden, d. h. die physischen Gedächtnisspuren im Gehirn, die vermutlich der Grund für unser Erinnerungsvermögen sind.

In einem 1950 gedruckten Aufsatz (»In Search of the Engram«) faßte Lashley die Ergebnisse seiner Untersuchungen zusammen (hier zitiert aus »Brain Physiology and Psychology«, London 1966). Er berichtet darin, daß verhältnismäßig große Teile der Gehirnrinde bei einem Menschen wegoperiert werden können, ohne daß das Erinnerungsvermögen beeinträchtigt wird. Weiterhin konnten bei Versuchstieren systematisch verschiedene Teile des Gehirns entfernt werden, ohne daß auch nur in einem Fall der Verlust angelernter Reaktionen festzustellen gewesen wäre.

Lashley und auch andere Forscher haben außerdem gezeigt, daß Schäden, die sich über ein allzugroßes Gebiet der Gehirnrinde erstreckten, im allgemeinen unabhängig von ihrer Lage das Erinnerungsvermögen im ungefähren Verhältnis zu ihrem Umfang reduzieren.

Lashley empfand diese Tatsachen als äußerst rätselhaft. Am Schluß des Aufsatzes schreibt er beinahe ratlos:

»Manchmal, wenn ich die vorliegenden Tatsachen über die Lokalisierung der Gedächtnisspuren betrachte, fühle ich mich zu der unabweislichen Folgerung gezwungen, daß Lernen nicht möglich ist. Es ist schwierig, sich einen Mechanismus vorzustellen, der die Bedingungen nicht erfüllt, die für sein Funktionieren nötig sind. Andererseits tritt diese Fähigkeit trotz aller Gründe, die gegen die Existenz des Lernvermögens sprechen, offenbar doch zuweilen auf.« (Seine Erfahrungen mit Universitätsstudenten waren scheinbar wenig ermutigend.)

Penfield kam mit der Zeit zu der gleichen Auffassung wie Lashley, nämlich daß unsere Gedächtnisspuren in der Gehirnrinde nicht »aufbewahrt« sind. Als er Veränderungen untersuchte, die von Lernprozessen herrührten und die in tieferliegenden Teilen des Gehirns – im sogenannten Hippocampusgebiet – stattfinden, kam er zu ähnlichen Ergebnissen. Wenn nur die eine Hälfte der Hippocampusstruktur normal funktioniert, kann – nach seinen Erfahrungen – die andere Hälfte wegoperiert werden, ohne daß das Gedächtnisvermögen beeinträchtigt wird.

Das zentrale Nervensystem als »Spiegel«

Überdenkt man die angeführten Beobachtungen über den Zusammenhang zwischen Gehirnschäden und Gedächtnisverlusten, drängt sich einem ein naheliegendes Bild auf: das Bild eines Spiegels. Auch er kann seine Funktion beibehalten, selbst wenn große und (innerhalb gewisser Grenzen) beliebige Teile seiner Struktur zerstört werden, wenn nur ein genügender Teil der reflektierenden Fläche bestehenbleibt. Fungiert unser Gehirn etwa auf diese Art? Wenn ja, was »spiegelt« sich dann darin?

Das Bild des Gehirns als Spiegel wird sinnvoll, wenn wir uns vorstellen, daß das Gespiegelte eine »übersinnliche« Wirklichkeit ist. Nach den geisteswissenschaftlichen Forschungen von Rudolf Steiner verhält es sich so.

Daß wir unsere Gedanken, Gefühle, Erinnerungen und andere Seelenphänomene nicht als etwas »Übersinnliches« auffassen, daß wir normalerweise überhaupt nicht eine andere Wirklichkeit als die physische wahrnehmen, hängt damit zusammen, daß wir zunächst nur durch unseren physischen Körper, durch unsere Sinnesorgane und unser Nervensystem die Eindrücke unserer Umwelt aufnehmen, gleichsam spiegeln. Die blitzschnellen chemischen Prozesse, die sich in unserem Nervensystem abspielen, wenn wir sehen, hören, denken, fühlen usw. und die mit Hilfe von Elektronenmikroskop und

Elektroenzephalogramm festgestellt werden können, sind nicht die Urheber unserer seelischen Aktivitäten, sondern werden von diesen hervorgerufen. Unter gewissen Umständen kann aber nun diese »spiegelnde« Funktion vom ätherischen Kraftfeld übernommen werden. Die Phänomene, die anfänglich in diesem Kapitel geschildert wurden, erweisen sich unter diesem Gesichtspunkt als verständlich.

Wir erinnern uns, daß das Erlebnis des »Gedächtnispanoramas« oft von ganz besonderen Eindrücken begleitet wird, beispielsweise von Begegnungen mit verstorbenen Menschen. Derartige »übersinnliche« Erfahrungen werden möglich, wenn das ätherische Kraftfeld aus irgendeinem Grund bis zu einem gewissen Grade gelöst wird aus seinem Zusammenhang mit dem physischen Körper und anfängt, wie eine Art »Spiegelungsorgan« zu dienen.

Zwei Denkarten

Wer an die übliche naturwissenschaftlich orientierte Denkweise gewöhnt ist, wird mit größter Wahrscheinlichkeit nicht erschüttert, wenn er mit solchen Erfahrungen konfrontiert wird, wie sie in diesem Buche oder in vergleichbaren Berichten dargestellt werden. Wie tief die »materialistische« Vorstellungsweise verwurzelt ist, zeigt folgender Auszug aus dem »Nordisk Familjebok« [schwedisches Lexikon], Ausgabe 1928:

»Es dürfte ... außer Zweifel gestellt sein, daß gewisse Gebiete der Gehirnrinde Gedächtniszentren höherer Ordnung bilden, in denen nicht nur gewisse Gedächtnisbilder deponiert (!) werden, sondern in denen auch Leitungen von verschiedenen Gedächtniszentren wie in einem Brennpunkt gesammelt werden und demnach Gedächtnisbilder verschiedener Qualität in Begriffe zusammengekuppelt werden.«

Die Forscher, die es sich zur Aufgabe machten, die Hypothesen über das Gedächtnis zu verifizieren, hatten es verständlicherweise bedeutend schwieriger als diejenigen, die ursprünglich diese Hypothesen aufstellten. Es hat auffallend lange gedauert, bis man irgendwelche Veränderungen in der Gehirnsubstanz, die nachweislich auf dem Erlernen beruhen und die für das ganze Leben bestehenbleiben, feststellen konnte. Heutzutage sind die führenden Gehirnforscher aber der Meinung, daß man im Prinzip dieses Problem gelöst hat.

Durch Übung zum Erlernen neuer Fähigkeiten ergeben sich, nach Angabe des international bekannten schwedischen Gehirnphysiologen Holgen Hydén, kleine molekulare Veränderungen in den Gehirnzellen (Dagens Nyheter 17.2.79).

Für zahlreiche Forscher ist also das Vorhandensein des Erinnerungsvermögens tatsächlich nur erklärbar, wenn unsere Erfahrungen wirkliche, materielle Spuren hervorrufen. Daß solche molekulare Veränderungen (von beinahe unfaßbar kleinen Dimensionen) nach vielen Jahren in meinem Bewußtsein Gedächtnisbilder von, sagen wir der Bucht von Neapel oder vom Erlebnis des Nordlichtes hervorrufen, ist ja nun tatsächlich bloß eine Hypothese. Für die landläufige Denkweise ist aber nichts Eigenartiges in dieser Theorie. Daß das nicht selten vorkommende Erlebnis des »Gedächtnispanoramas« eine übersinnliche Erfahrung sein könnte, zeigt sich dagegen als ganz undenkbar für eine konsequente, materialistische Auffassung.

Ein Mensch, der sich vorstellt, daß es eine übersinnliche Welt gibt, braucht nicht dümmer oder naiver zu sein als ein Materialist. Es geht einfach um zwei verschiedene Denkweisen, und es steht uns frei, zwischen den beiden zu wählen.

Die innere Konstitution
des Menschen

Stellen wir uns vor, daß wir ein Gefäß mit Wasser haben, einen trockenen Backstein, eine welkende Pflanze, ein paar Schweine, die einen Tag lang nichts zu trinken bekommen haben, und einen Menschen, der schweren Durst leidet.

Der Backstein saugt die Flüssigkeit rasch auf und wird schwerer: eine physikalische Veränderung findet statt. Die Pflanze reagiert zunächst gar nicht: Nach und nach fängt sie aber an, Wasser aufzunehmen. Sie richtet sich langsam wieder auf und nimmt an Gewicht zu. Sie antwortet mit einer Reaktion, die dem Schwerkraftgesetz entgegenwirkt.

Bei einer Primel, die versehentlich wochenlang kein Wasser bekommen hatte, hingen die Stengel und Blätter schlaff außerhalb des Topfes. Sie war fast ausgetrocknet, und es schien unmöglich, daß sie sich noch einmal erholen würde. Ich gab ihr Wasser. Die Veränderung war überraschend und durchgreifend. Innerhalb von 24 Stunden hatten die Blätter ihre natürliche Haltung, ihre Form und Frische wieder zurückgewonnen, und der Stengel hatte sich senkrecht aufgerichtet. An scheinbar ganz welken Blüten wickelten sich die Kronblätter nach und nach heraus, so daß sie aussahen wie neu ausgeschlagen. Die Lebensprozesse in der Pflanze kamen wieder in Gang.

Wenn nun Schweine trinken, nehmen auch sie an Gewicht zu, und ihr Körpergewebe bekommt neues Leben. Bis hierher entspricht die Reaktion auf das Wasser im Prinzip derjenigen der Pflanze. Darüber hinaus zeigen die Schweine aber noch etwas anderes in ihrem Verhalten. Wer einmal Schweine gefüttert hat, weiß, wie sie sich benehmen – besonders, wenn sie Durst haben und den Pfleger mit dem Wassereimer kommen sehen. Sie »wissen« genau, was der Eimer enthält, schon bevor sie das Wasser gesehen haben und nähern sich gleich gierig schnüffelnd und grunzend. Beim Trinken schubsen und stoßen sie einander in ihrem Eifer, das Wasser zu erreichen. Der Betrachter hat vor sich das Bild einer unbändigen, hemmungslosen Gier, die nicht zurückzuhalten ist.

Der Mensch umspannt in seinem Verhalten all das, was sich

bei den anderen Wesen zeigte: Die Gewichtszunahme beim Trinken, die Belebung und die Begierde gibt es auch bei ihm. Er hat aber darüber hinaus eine Eigenschaft, die einmalig ist: Seine Reaktionen sind individuell.

Bekommen dürstende Wüstenwanderer einen einzigen Becher mit Wasser, ist schwer vorauszusehen, was geschehen wird. Auch wenn seine Begierde sehr stark ist, hat der Mensch die Möglichkeit, nachzudenken, bevor er sie stillt. Und es kann geschehen, daß er den Verzicht wählt. Ein berühmtes Beispiel gibt der griechische Historiker Arrianos.

Alexander der Große und sein Heer waren während des Wüstenmarsches durch Belutschistan im Jahre 325 v. Chr. dem Verderben nahe. Pferde, Kamele und Esel wurden geschlachtet. Die Krieger schleppten sich erschöpft durch die Sanddünen. Viele schafften es nicht und starben. Eines Tages fanden einige makedonische Reiter Wasser in einer Felsspalte und trugen es in einem Helm zu Alexander. Dieser litt genau so brennenden Durst wie alle anderen. Er dachte einen Augenblick nach. Dann sagte er: »Soll ich der einzige sein, der seinen Durst löschen darf?« und er goß das Wasser aus. Das Gerücht von diesem Ereignis verbreitete sich unter den Truppen. Gemäß Arrianos wurde »ihre Gemütsstimmung verändert. Es war«, sagt er, »wie wenn das ausgegossene Wasser ein Trunk für sie alle geworden wäre.« Der Marsch wurde fortgesetzt, und die Armee erreichte ihren Bestimmungsort.

Wenn wir uns in die vier zuvor beschriebenen Reaktionsweisen hineinleben, erkennen wir jeweils das Charakteristische von Mineral, Pflanze, Tier und Mensch in seinen wesentlichen Zügen.

Im vorhergehenden ist geschildert worden, wie mineralische Substanzen begreiflich werden, wenn wir sie vom physikalischen Aspekt her betrachten, aber auch, wie diese Betrachtungsweise nicht ausreicht, um die Erscheinungen des organischen Lebens verständlich zu machen. Wenn Steiner und andere Beobachter von einem ätherischen Kraftfeld bei allen Organismen sprechen, gibt es – wie wir gesehen haben – gute Gründe, ihre Aussagen ernst zu nehmen. Lenken wir jetzt unsere Aufmerksamkeit auf das Tier und den Menschen, so bemerken wir, daß wir bei ihnen Reaktionen finden, die bei den Pflanzen fehlen und die schon wieder eine andere Betrachtungsweise erfordern als die, die bei der Welt der Organismen aufgewendet wurde.

Betrachten wir ein schlafendes Tier, beispielsweise einen Hund. Puls, Atmung, Stoffwechsel – alle Lebensprozesse, die sich auch im Wachzustand abspielen, gehen ungehindert weiter. Die Sinneswahrnehmungen, die Gefühle, die Begierde und die anderen »Seelenfunktionen« scheinen aber wie ausgelöscht. Wird nun der Hund durch eine Gefahr bedroht, verändert sich das Bild fast schlagartig. Er fährt auf und weiß unmittelbar, ob er sich verteidigen oder ob er fliehen soll. Die Aufmerksamkeit ist bis aufs äußerste gespannt.

Droht einer Pflanze eine tödliche Gefahr, kann sie sich nicht verteidigen oder zurückziehen. Sie zeigt überhaupt keine Symptome eines bewußten Seelenlebens. Ihr Dasein ist rein vegetativ. Die ganze Pflanzenwelt scheint in einen ewigen Schlaf versenkt zu sein.

Triebleben und Orientierungsvermögen

Die Instinkte und Begierden, die die Lebensweise der verschiedenen Tierarten steuern, sind, wie wir wissen, weisheitsvoll der Umwelt und den Jahreszeiten angepaßt.

Einige Tiere haben die Fähigkeit, sich in Raum und Zeit mit einer verblüffenden Präzision zu orientieren. Viele Forscher sind dadurch vor faszinierende Rätsel gestellt worden. Andere Tiere, u. a. einige Zugvögel, vermögen sich an der Stellung der Sonne oder der Sterne zu orientieren. In einigen Fällen ist es offenbar der physische Anblick der Sonnenhöhe, in anderen sind es bestimmte Sternbilder, die den Flugkurs bestimmen.

Brieftauben beispielsweise können auch bei bewölktem Wetter navigieren. Man hat darüber gerätselt, ob sie sich mit Hilfe des Erdmagnetismus, der Erdrotation oder der Punktradioquellen im Kosmos orientieren. Der schwedische Forscher Carl Edelstam hat aber gezeigt, daß Brieftauben auf lange Strecken ihren Weg finden können, auch wenn man sie durch verschiedene technische Anordnungen hindert, solche Signale oder Informationen zu empfangen.

Der Geschlechtstrieb bei vielen Tieren ist bekanntlich zeitgebunden. Die Brunstzeit tritt in der Regel einmal jährlich auf. Auch hier gibt es Beispiele einer Präzision, die wirklich rätselhaft ist.

Der ungefähr 30–40 cm lange Palolowurm, der in tiefen Höhlungen an der Grundfeste gesunkener Korallenbänke in den Fahrwassern rund um die Samoa- und Fidschiinseln im

Pazifischen Ozean lebt, laicht jedes Jahr zum genau gleichen Zeitpunkt. Eine Woche nach Vollmond im November (also während des Frühlings auf der südlichen Erdhalbkugel) vollzieht sich dies Ereignis, das anhand der Mondphase und der Gezeiten fast auf die Minute berechnet werden kann.

Wenn dieser Augenblick gekommen ist, kriechen die Würmer rückwärts aus ihren Höhlungen zwischen den Korallen. Der hintere geschlechtsreife Teil des Körpers schnürt sich ab und erscheint in riesigen Mengen an der Meeresoberfläche, wo er den Inhalt von Eiern oder Spermien abgibt, während der übrige Körper in der Tiefe bleibt.

Der britische Forscher Basil Thomson gibt eine malerische Beschreibung davon, wie er zusammen mit ein paar Eingeborenen zu einer tief liegenden Korallenbank hinaussegelte, wo sie etwa eine halbe Stunde vor der angegebenen Zeit ankamen. »Thomson schaute über den Bordrand und sah genau zur erwarteten Zeit, wie tief unten im klaren Wasser ein dicken Rauchschwaden gleichendes Etwas aus den Löchern in den Korallen herausströmte. Im Steigen verbreiterten sich die Schwaden wie Pilze, und gleich danach wimmelte das Wasser auf weiter Fläche von sich windenden und platzenden Würmern, so daß es auszusehen begann wie eine Fadennudel-Suppe. In kürzester Zeit war das Meer von dem Inhalt der zerfallenden Würmer milchweiß gefärbt. Sofort begann auch die Befruchtung, und dann versank die Wolke beinahe ebenso rasch wieder auf den Grund wie sie hochgestiegen war und hinterließ die Oberfläche ebenso klar wie zuvor.« (Frank W. Lane, »Seltsames in der Tierwelt«, Zürich 1951.)

Das astralische Kraftfeld

Physische Beobachtungen wie die oben angeführten sind keine »Beweise« für das Vorhandensein der Phänomene, die jetzt angeführt werden sollen, können aber zu ihrer Illustration beitragen.

Wer für übersinnliche Phänomene ein entwickeltes Wahrnehmungsvermögen hat, kann, gemäß Steiner, beobachten, daß der physische Körper und das ätherische Kraftfeld bei Tieren und Menschen in einem noch größeren Kraftfeld eingebettet sind, wo unter anderem Triebe und Begierden als eine Art leuchtende, farbvolle Bilderwelt sichtbar werden. Obwohl es sich gar nicht um eine physische Erscheinung handelt, hat man aus Mangel an besseren Ausdrücken dieses Kraftfeld »Astralleib« genannt. Der Name ist abgeleitet aus dem lateinischen Wort »aster« (Stern). Dies soll auf dem Hintergrund, den wir gerade aufzeichneten, gesehen werden. Die Triebe und Begierden der Tiere sind so übermäßig stark, weil sie verwandt sind mit Kräften kosmischer Natur und völlig in diese hineingewoben. Beim Menschen hat sich das astralische Kraftfeld in gewissem Grade aus dem Zusammenhang mit der Sternenwelt gelöst. Sein Innenleben ist differenzierter und bewußter. Seine Lebensgewohnheiten, Interessen und Gemütsstimmungen, seine Gedanken, Gefühle und Willensimpulse, ja seine ganze persönliche Eigenart kommt in seinem Astralleib zum Ausdruck.

Der Geschlechtstrieb ist beim Menschen nicht an die Jahreszeiten gebunden, und seine Begierden – wie stark sie auch sein mögen – können nicht auf die gleiche Weise wie bei den Tieren mit unwiderstehlichen und unpersönlichen »Naturkräften« verglichen werden. Die im Menschen einwohnenden Triebe sind gefärbt vom Kulturleben seiner Umwelt und von dem individuellen Lebensstil, den er sich schrittweise angeeignet hat. Ändert er aus irgendeinem Grund seine Lebensführung, kann auch sein Triebleben im entsprechenden Maße verändert werden.

Das menschliche Ich

Wie wir oben gesehen haben, hat der Mensch eine innere Konstitution, die mit den anderen Naturreichen verwandt ist – die sich aber doch durchaus von ihnen unterscheidet. Sowohl das ätherische Kraftfeld als Träger der Erinnerungen als auch der Astralleib als Ausdruck des Seelenlebens tragen einen unverkennbaren, individuellen Stempel, den wir weder bei den Pflanzen noch bei den Tieren finden. Was macht den Menschen zu einem individuellen Wesen? Diese Frage ist ein entscheidender Punkt in unserer Darstellung.

Wir sind alle gewöhnt, uns mit dem Wort »Ich« zu bezeichnen. Eigentlich sollten wir vor diesem Worte ein paar Augenblicke innehalten. Es hat eine Sonderstellung in unserer Sprache. Alle anderen Wörter können von allen Menschen angewendet werden und jeder bezeichnet damit genau das Gleiche.

Es kann jeder Wasser »Wasser« und die Straßenbahn »Straßenbahn« nennen. Verwendet ein Mensch aber das Wort »Ich«, so
kann es nur auf ihn selbst bezogen werden. Tritt eine Person
hervor und nimmt die Verantwortung für eine Handlung mit
den Worten »Das war ich« auf sich, so hat diese Äußerung einen
ganz bestimmten Klang. Alle Zuhörer bemerken normalerweise denjenigen, der das sagt. Die Worte kommen aus seinem
Innersten.

Das Ich ist eben das »Innerste« des Menschen. Das Ich macht
uns zu Menschen. Viele Denker und Forscher haben sich im
Laufe der Zeit darüber gestritten, worauf das Icherlebnis eigentlich beruht. Die meisten modernen Biologen scheinen sich
einig zu sein, daß es auf rein physischen Prozessen beruht, auf
Prozessen, die sich im Gehirn abspielen.

Wir können uns aber erinnern, wie es bei Penfields Gehirn-
operationen war. Wenn er mit Hilfe seiner Elektroden die Patienten dazu veranlaßte, einen Arm oder ein Bein zu bewegen,
ließen sie sich nicht hinter das Licht führen. Sie fühlten augen-
blicklich, daß sie die Bewegung nicht selber veranlaßt hatten.

Im Vorhergehenden haben wir – u. a. in den Berichten Moodys – Beispiele gesehen, wie das Icherlebnis sich fortsetzen
kann, auch wenn der Mensch sich in einem »körperlosen« Zustand befindet.

Das Ich an sich ist nicht physisch-körperlicher Natur. Auch
hier haben wir es mit einem Phänomen zu tun, das mit Recht als
»übersinnlich« bezeichnet werden kann. Wollen wir verstehen,
was das Ich eigentlich ist, kann es hilfreich sein, einige
Abschnitte aus Charles Lindberghs Erzählung von seinem
Atlantikflug im Jahre 1927 zu lesen. Unter allen glaubhaften
Berichten von »Ich-Erlebnissen« dürfte dieser einer der interessantesten sein.

In dem Buch »Spirit of St. Louis« schildert Lindbergh, wie er
durch eine Serie unvorhergesehener Ereignisse schon vor dem
Start völlig erschöpft war. Er hatte Maschinenprobleme, die
ihm Tag und Nacht unvermutete zusätzliche Arbeit brachten.
Er wurde überall von aufdringlichen Journalisten verfolgt. Am
letzten Abend, als er sich endlich ausruhen wollte, wurde er von
einem Freund vom Schlafen abgehalten. Eigentlich hätte der
Freund für seine Ruhe sorgen sollen. Aber als Lindbergh gerade am Einschlafen war, kam der andere in den Raum und
sagte:

»Was soll ich machen, wenn du weg bist?«

Charles Lindbergh mußte im Cockpit Platz nehmen nach zwei schlaflosen Nächten. Er war allein in einem Flugzeug, das so wenig Platz bot, daß er sich nicht einmal aufrichten oder heftig bewegen konnte, ohne schweres Schlingern hervorzurufen. Durch den absoluten Zwang, still zu sitzen und doch wach zu bleiben, wurde er langsam in einen seltsamen Bewußtseinszustand versetzt, den er wie folgt beschreibt:

»... nach kritischen Augenblicken und vielen Stunden der Übermüdung können Geist und Körper sich so weit trennen, daß sie schließlich vollkommen verschiedene Elemente scheinen: daß es scheint, als sei der Körper nur eine Behausung, in der sich der Geist eine Weile aufgehalten hat, ohne jedoch im entferntesten an sie gebunden zu sein ... Seit unmeßbaren Zeiten scheine ich von meinem Körper getrennt, als wäre ich ein Bewußtsein, das sich im Raum ausbreitet, über die Erde sowohl wie den Himmel, unbehindert durch Stoffliches oder Zeit ... Was also bin ich – die Körpersubstanz, die ich mit meinen Augen sehen, mit meinen Händen fühlen kann? Oder bin ich ... das umfassendere Verständnis, das zwar in ihr lebt, sich aber dennoch ins Universum ausbreitet?«

Nach 18 Stunden war er dem Einschlafen sehr nahe. Jetzt hatte er die dritte Nacht ohne Schlaf hinter sich. Um sich wachzuhalten, fing er an, unter und über die Wolken zu tauchen und zu steigen. Er bekam aber jetzt auf eine unerwartete Art Hilfe. »... ich fange an, nebelhaft eine neue Größe zu begreifen, die sich zu meiner Unterstützung eingefunden hat. Es scheint, daß ich jetzt aus drei Persönlichkeiten bestehe, oder vielmehr aus drei Elementen, von denen jedes teils abhängig, teils unabhängig von den anderen ist. Da ist zunächst mein Körper, der nunmehr endgültig weiß, daß er auf dieser Welt nichts anderes mehr als Schlaf will. Da ist sodann mein Gewissen, das ständig Entscheidungen trifft, die mein Körper sich auszuführen weigert, und das infolgedessen fortlaufend an Entschlußkraft abnimmt. Und da ist schließlich ein Drittes, das mit der Müdigkeit nicht nur nicht schwächer, sondern im Gegenteil stärker zu werden scheint – ein geistiges Element, eine richtungweisende Kraft, die aus dem Hintergrunde hervorgetreten ist und die Kontrolle über Verstand und Körper angetreten hat. Sie scheint über beide zu wachen, wie ein Vater über seine Kinder wacht: läßt sie sich vorwagen bis an den Rand der Gefahr und ruft sie dann zurück, führt sie mit nachsichtiger, aber fester Hand ...

Die dritte Kraft hat die Führung übernommen. Sie kennt und hält eine Grenze, die ich selber nicht definieren kann, sie läßt Bewußtsein und Körper so lange entspannt, als sich die ›Spirit of St. Louis‹ in halbwegs vertretbarer Lage befindet, ruft aber beide sofort auf den Plan, wenn sich die Zeiger zu schnell oder zu weit von der Mitte weg entfernen. So weit und nicht weiter darf die Maschine stürzen oder steigen. Dann reagiere ich aus meiner Betäubung, lege die Fläche wieder gerade, trete das Steuer dahin, wohin die Kompaßnadel zeigt, schüttele mich für einen Augenblick hellwach – und lasse die Nadel abermals machen, was sie will.

Wieder und wieder schlafe ich offenen Auges ein, weiß, daß ich einschlafe, bin nicht fähig, es zu verhindern, habe alle Empfindungen, die man beim Einschlafen abends im Bett hat, um dann Sekunden oder Minuten später alle Empfindungen des Erwachens zu haben. Wenn ich in dieser Form einschlafe, sind meine Augen von meinem normalen Begriffsvermögen genauso abgetrennt, als wären sie wirklich geschlossen, aber dafür sind sie mit jenem neuen, außergewöhnlichen Begreifen direkt verbunden, das mit ihren Eindrücken zusehends besser fertig wird.«

Nach einigen Stunden beobachtet er eine neue Veränderung in seinem Bewußtseinszustand. »Während der überirdischen Spanne Zeit, in der ich – halb wach, halb im Schlaf – auf die Instrumente starre, füllt sich die Kabine hinter mir mit Geistern – verschwommenen, transparenten Gestalten, die sich schwebend regen und mich gewichtlos begleiten. Ihre Erscheinung überrascht mich nicht, weil ihr jede Plötzlichkeit fehlt. Ohne den Kopf zu drehen, sehe ich sie so klar, als ob sie in meinem normalen Gesichtsfeld lägen. Auch meine Sicht also ist nicht mehr begrenzt – ein einziges großes Auge ist nun mein Schädel – ein Auge, das gleichzeitig überall hin blickt. Die Phantome sprechen mit menschlicher Stimme – freundliche Schatten, wie Nebel, ohne Substanz, jederzeit in der Lage, zu erscheinen und zu verschwinden. Die Wände des Rumpfes sind für sie keine Wände. Bald stehen sie dicht gedrängt hinter mir, bald sind nur ein paar von ihnen da. Erst lehnt der eine sich, dann ein anderer nach vorne, an meine Schulter, um über das Motorengeräusch hinweg mit mir zu sprechen, und zieht sich danach wieder auf die Gruppe dahinter zurück. Zuweilen kommen die Stimmen direkt aus der Luft, deutlich, doch von weit her, nach einer Reise durch Räume und Räume, für die eine menschliche Meile kein Maß ist; vertraute Stimmen, die meinen Flug mit mir besprechen, mir technische Ratschläge erteilen, Probleme der Navigation mit mir diskutieren: die mich beruhigen, die mir Botschaften überbringen, wie sie im wirklichen Leben unerhältlich sind ...

Zu jeder anderen Zeit hätten mich solche Visionen heftig erschreckt. Aber auf diesem phantastischen Fluge habe ich mich vom irdischen, vom mir bekannten Leben so weit entfernt, daß ich für alles bereit bin, was kommen mag. Und diese Sendlinge aus der Geisterwelt ... sind weder Eindringlinge noch Fremde. Eher ist es wie ein Zusammentreffen mit der Familie, mit Freunden nach Jahren der Trennung – als hätte ich sie in einem früheren Leben sämtlich gut gekannt ... Ich fliege in einer Maschine über den Atlantik, aber ich lebe zugleich in Jahren, die lange vergangen sind.«

Als Lindbergh über die irische Südwestküste hereinflog, sah er Bauernhöfe, Kühe und Schafe. Er bekam neue Kräfte und fühlte, wie er sich langsam wieder mit seinem physischen Körper vereinte und in seinen normalen Bewußtseinszustand zurückkehrte. »In einem irdischen Himmel, über irdischem Boden bin ich wieder ich selber. Hände und Füße und Augenlider können sich wieder bewegen, und ich kann ungehindert denken. Die Dritte Größe, die während der Nacht die Führung übernahm, ist in den Hintergrund getreten. Die Dreiteilung meiner Existenz hat aufgehört. Mein Körper tut wieder, was mein Verstand befiehlt.«

Lindbergh landete wie bekannt wohlbehalten in Paris. Seine Erlebnisse unterscheiden sich an einem wesentlichen Punkt von den Halluzinationen, die manchmal bei isolierten Personen auftreten, wenn sie von Sinneseindrücken und dem Umgang mit anderen Menschen abgeschirmt werden. Solche Halluzinationen haben oft eine deprimierende Wirkung bzw. sind mehr oder weniger neutralen Inhaltes. In Lindberghs Fall ist aber nicht zu viel gesagt, daß sein Leben durch innere Erlebnisse gerettet wurde. Ein Kennzeichen eines »echten« übersinnlichen Erlebnisses, das wir im letzten Kapitel geschildert haben, sollte also erfüllt sein.

Zwei der drei Bewußtseinsstufen, die von Lindbergh geschildert werden, können wir ohne weiteres erkennen.

Wir haben einen physischen Körper, der aufgrund von Müdigkeit, Krankheit oder Faulheit streiken kann.

Wir haben auch eine Art von innerer Instanz, die mehr oder weniger erfolgreich versucht, den Körper zu bewegen, damit er das tut, was er »sollte« (was oft gegen seinen Widerstand bewirkt werden muß). Wie wir sie auch benennen – mit den Worten »Vernunft«, »Gewissen« oder gar »Seele« – wir wissen genau, daß wir diese Instanz besitzen.

Die dritte Bewußtseinsstufe gehört vielleicht nicht zum täglichen Erfahrungsbereich. Manchmal können wir aber trotzdem ahnen, daß sie existiert.

Viele Menschen haben das Gefühl, daß sie sich in ihrem irdischen Leben nicht verwirklichen können, daß ihr eigentliches »Ich« etwas Umfassenderes ist als jenes, das im täglichen Leben zum Ausdruck kommt. In besonderen Situationen aber, beispielsweise wenn sie vor einer drohenden Gefahr oder einer sie herausfordernden Aufgabe stehen, kann es sein, daß diese Begrenzung bis zu einem gewissen Grade aufgehoben wird.

Wir sagen, daß ein Mensch manchmal über sich selber hinauswächst. Mit dem gleichen Recht könnten wir aber behaupten, daß man in gewissen Situationen man selbst werden kann. Vielleicht ist das Denkwürdigste an Lindberghs Schilderung, daß sie so deutlich zeigt, wie ein Mensch in einer solchen Situation sein Ich als ein geistiges Wesen und sich als ein Mitbürger in einer geistigen Welt zusammen mit anderen Wesen gleicher Natur erleben kann.

Betrachten wir den physischen Körper mit dem ätherischen Kraftfeld fest verbunden – was er im täglichen Leben auch ist – und den Astralkörper als einen Ausdruck für unser »Seelenleben« oder unsere »Seele«, könnten wir das eben geschilderte folgendermaßen darstellen:

	»Körper«		»Seele«	»Geist«
Mensch	physischer Körper	Ätherleib	Astralleib	Ich
Tier	physischer Körper	Ätherleib	Astralleib	
Pflanze	physischer Körper	Ätherleib		
Mineral	physischer Körper			

Ein solches abstraktes Schema kann eine Hilfe sein, es sagt aber nicht unbedingt sehr viel aus. Die Phänomene, die gemeint sind, werden erst anschaulich, wenn sie in ihrem lebendigen Zusammenhang beobachtet werden.

Schlafen und Träumen

Wenn wir einschlafen, hören alle unsere bewußten Seelenerlebnisse auf. Unsere Gedanken, Emotionen, Wünsche, Absichten und Entschlüsse usw. sinken dann hinunter in ein Meer der Bewußtseinslosigkeit.

Die Lebensprozesse werden aber nicht unterbrochen. Die Atmung, die Blutzirkulation, die Verdauung – alle Funktionen, die für die Erhaltung des Körpers notwendig sind, gehen ungestört weiter.

Was in diesem Phänomen zum Ausdruck kommt, ist eine Veränderung zwischen unseren vier »Wesensgliedern«.

Schlafen wir, verbinden sich der Astralkörper und das Ich mit der übersinnlichen Welt, wo sie ihren Ursprung haben. Sie ziehen sich aus dem physischen Körper heraus, dessen Nervensystem also nicht mehr unsere Seelenerlebnisse »spiegeln« kann – das ist der Grund, warum wir unser Bewußtsein verlieren, wenn wir einschlafen.

Das ätherische Kraftfeld bleibt aber beim erschöpften physischen Körper und versucht, diesen wiederherzustellen.

Nun gibt es ja außer dem Wachsein und dem Schlafen auch einen dritten Bewußtseinszustand: den Traum. Die meisten Träume sind, wie wir alle wissen, mehr oder weniger chaotisch. Was wir früher im Leben erlebt haben – oft während der letzten Tage –, mischt sich mit mehr oder weniger seltsamen Phantasievorstellungen zu einem erschreckenden, komischen oder evtl. tröstenden, manchmal unerhört intensiv erlebten Sammelsurium von Traumbildern, die schnell vorbeijagen.

In seinem Buch »Geheimwissenschaft im Umriß« hebt Steiner hervor, daß das Ich und der Astralleib im traumlosen Schlaf mehr oder weniger total abgetrennt sind vom Körper, daß aber im Traum eine ganz besondere Situation eintritt:

»Der Astralleib ist während des Träumens vom physischen Leibe insofern getrennt, als er keinen Zusammenhang mehr hat mit dessen Sinnesorganen; er hält aber mit dem Ätherleibe noch einen gewissen Zusammenhang aufrecht. Daß die Vorgänge des Astralleibes in Bildern wahrgenommen werden können, das kommt von diesem seinem Zusammenhang mit dem Ätherleib.«

In einem Vortrag vom 20. 8. 1922 (GA 214) in Oxford werden einige interessante Details hinzugefügt:

Der Ätherleib ist, auch im Wachzustand, »in einer regelmäßigen Bewegung im ganzen übrigen menschlichen Leib, nur nicht im Kopfe. Im Kopfe ist der Ätherleib innerlich ruhig. Im Schlafe ist das anders. Das Schlafen beginnt damit – und dauert dann in der Art und Weise an –, daß der Ätherleib auch im Kopfe anfängt in Bewegung zu sein. So daß wir im Schlafe als ganzer Mensch, nach Kopf und übrigem Menschen, einen innerlich bewegten Ätherleib haben. Und wenn wir träumen – sagen wir – beim Aufwachen, dann ist es so, daß wir die letzten Bewegungen des Ätherleibes gerade im Aufwachen noch wahrnehmen. Die stellen sich uns als die Träume dar. Die letzten Kopf-Äther-Bewegungen nehmen wir beim Aufwachen noch wahr: d. h. beim schnellen Aufwachen kann das nicht der Fall sein.«

Warum es sich so oft um Eindrücke aus den letzten Tagen handelt, die maskiert oder offen in unseren Träumen hineinspielen, erklärt Steiner in einem Vortrag vom 16. 9. 1923 (GA 228) damit, daß die Spuren unserer Erlebnisse im Ätherleibe ein paar Tage »zirkulieren«, bevor sie schlußendlich unserem Gedächtnisprogramm einverleibt werden. Die Ursache, warum das ätherische Kraftfeld sich in der Kopfregion in Ruhe hält, ist recht naheliegend: Die Bewußtseinsprozesse, die sich im Gehirn abspielen, dürfen nicht gestört werden. Und es ist im Grunde genommen auch verständlich, daß die heilenden ätherischen Prozesse sofort beim Einschlafen in Gang kommen als Gegengewicht zu den Anstrengungen, denen das zentrale Nervensystem beispielsweise bei Menschen mit anstrengender intellektueller Arbeit ausgesetzt ist.

Alpha- und Deltaschwingungen

Haftet man kleine Elektroden an die Kopfhaut des Menschen, können kleine elektrische Spannungsfluktuationen auf einem Papierstreifen registriert werden, die auf der Gehirntätigkeit beruhen. Dies wurde von dem deutschen Psychiater Hans Berger 1924 entdeckt.

Die Wellenlinien, die aufgezeichnet werden, nennt man Elektroenzephalogramm (EEG). Im Wachzustand des Menschen dominieren die schnellen und unregelmäßigen »Alphawellen« mit etwa zehn Schwingungen pro Sekunde. Mit dem Einschlafen beginnt das Auftreten der ruhigen und ziemlich regelgebundenen »Deltawellen« mit ein bis drei Schwingungen pro Sekunde.

Die Alphaschwingungen werden, wenn wir uns beispielsweise denkerisch anstrengen, stark beeinflußt. Berger konnte feststellen, daß das EEG bei einem Jungen stufenweise verändert wurde, wenn er anfing, eine Rechenaufgabe im Kopfe zu lösen. War er mit der Aufgabe fertig, ging das EEG schnell wieder zur normalen Schwingungszahl zurück.

Die Deltaschwingungen zeigen sich meistens erst, nachdem die Alphaschwingungen aufgehört haben, und umgekehrt hören beim Menschen die Deltaschwingungen auf, bevor die Alphaschwingungen wiederum zurückkehren.

Hier ergibt sich eine ersichtliche, ziemlich deutliche Übereinstimmung mit den Beschreibungen Steiners. Es ist, als wären die Alphaschwingungen Projektionen unseres bewußten Seelenlebens, die sich im Astralleib und im Ich abspielen und ihre Reflexe in unser Gehirn hineinwerfen. Die Deltaschwingungen können als eine Spiegelung der heilenden Aktivität angesehen werden, die der Ätherleib während des Tiefschlafs im Gehirn ausübt.

Das Bedürfnis nach paradoxalem Schlaf

Die Schlafforscher haben sich besonders bemüht, zu untersuchen, was eigentlich im Gehirn und im übrigen Körper geschieht, wenn wir träumen. Sie sind zu wichtigen Einsichten gekommen.

Die Schwingungskurven, die während des Träumens im EEG auftreten, weisen auf eine Art Mittelzustand hin zwischen Wach- und Tiefschlaf. Die Deltaschwingungen verschwinden nicht ganz, Einschläge des Alpharhythmus fangen aber an, sich geltend zu machen. Zwei amerikanische Forscher, William Kleitman und Bill Dement, entdeckten in den fünfziger Jahren, daß unsere Träume auch von anderen körperlichen Aktivitäten begleitet sind – und daß die meisten Menschen jede Nacht vier bis sechs kurze »Traumperioden« haben, die unter anderem gekennzeichnet werden durch schnelle Augenbewegungen und ein verändertes EEG.

Es zeigte sich, daß die Versuchspersonen meistens von einem Traum erzählen konnten, wenn sie während einer solchen Periode geweckt wurden. Als Schlußfolgerung aus den Versuchen ergab sich, daß der Traumschlaf eine viel längere Dauer hat, als man bisher angenommen hatte. Kleitman und Dement berechneten, daß im Normalfall ungefähr 20 % unserer gesamten Schlafzeit aus einem solchen modifizierten – oder »paradoxalen«, wie man das Phänomen nennt – Schlaf besteht. Eine andere und noch wichtigere Schlußfolgerung konnte man ziehen, als man anfing, systematische Experimente zu machen, die davon ausgingen, die Versuchspersonen zu bestimmten Zeitpunkten zu wecken. Es zeigte sich erstaunlicherweise, daß Störungen im Tiefschlaf viel weniger durchgreifende Wirkungen verursachen als Unterbrechungen im modifizierten (paradoxalen) Schlaf.

Die Versuchspersonen, die immer wieder geweckt wurden, sobald die Augenbewegungen anfingen, reagierten bald sehr stark. Eine Serie von Experimenten, mit dem Zweck, sie fünf Nächte lang auf den »Traumschlaf« verzichten zu lassen, konnte nicht mit allen durchgeführt werden.

»Eine Versuchsperson ... unterbrach ihre Mitwirkung in offenbarer Panik, und zwei andere bestanden darauf, daß sie eine Nacht, bevor die Serie abgeschlossen war, aufhören durften, weil offenbar die Anstrengung für sie zu groß war.

Die psychologischen Veränderungen hörten sofort auf, als den Versuchspersonen das Träumen erlaubt wurde. Die wichtigste Erfahrung war, daß keine der beobachteten Veränderungen bei der Kontrollgruppe eintraf, die während des Tiefschlafs geweckt worden war.« (W. Kleitman und B. Dement, »The Effect of Dream Deprivation«, ›Key Papers, Brain physiology & Psychology‹, London 1966.)

Während der Dauer eines solchen Experimentes wird das Bedürfnis nach paradoxalem Schlaf allmählich erhöht. Mit jeder Nacht wird es also notwendig, die Versuchspersonen in kürzeren Abständen zu wecken. Wenn sie zum ungestörten Schlaf zurückkehren dürfen, suchen sie im Unterbewußten die vermißten Traumperioden »nachzuholen«. Während der ersten störungsfreien Nacht ist der Anteil an »paradoxalem Schlaf« viel größer als normal. Das erhöhte Bedürfnis nach solchem Schlaf wird erst nach und nach vermindert.

Die gemachten Erfahrungen haben zu vielen Deutungen Anlaß gegeben. Einige Anhänger der Freudschen Psychologie begrüßten die neuen Erfahrungen mit großer Genugtuung und legten sie als eine Bestätigung ihrer Theorie über das Traumbedürfnis des Menschen aus. Diese Deutung ist aber in Frage gestellt worden, seitdem der französische Forscher J. Jouvet feststellte, daß beispielsweise Katzen, die wegen einer Gehirnoperation die Fähigkeit des Traumschlafs verloren haben dürften, ihr Bedürfnis nach paradoxalem Schlaf trotzdem befriedigen können (Ian Oswald »Sömnen« ›Der Schlaf‹, Stockholm 1968).

Eine wahrscheinliche Erklärung dieses Phänomens wäre also, daß wir an einem solchen modifizierten Schlaf ein rein physiologisches Bedürfnis haben.

Der Traumschlaf aus anthroposophischer Sicht

Rudolf Steiner hat meines Wissens nie solche regelmäßig wiederkehrenden nächtlichen Traumperioden geschildert, wie sie Kleitman und Dement nachweisen. In einem Vortrag vom 6. 10. 1905 (GA 93 a) betont er aber, daß der Mensch fast während der ganzen Nacht träumt, ohne daß ihm dies bewußt wird. Steiner hob hervor, daß die meisten Träume inhaltsmäßig ziemlich bedeutungslos sind, weil sie sich in der Regel mit mehr oder weniger trivialen Erlebnissen aus der Vergangenheit beschäftigen oder durch Ereignisse hervorgerufen werden, die sich im menschlichen Körper während des Schlafes abspielen. Er wies aber auch darauf hin, daß der intensivierte Kontakt zwischen dem Astralleib und dem Ätherleib, der den Traumzustand hervorruft, eine für den Menschen sehr tiefgehende Bedeutung hat. In »Die Geheimwissenschaft im Umriß« schildert er den Zusammenhang folgendermaßen:

»Der Ätherleib ist der Bildner, der Architekt des physischen Leibes. Er kann aber nur im richtigen Sinne bilden, wenn er die Anregung zu der Art, wie er zu bilden hat, von dem Astralleibe erhält. In diesem sind die Vorbilder, nach denen der Ätherleib dem physischen Leibe seine Gestalt gibt. Während des Wachens ist nun der Astralleib nicht mit diesen Vorbildern für den physischen Leib erfüllt, oder wenigstens nur bis zu einem bestimmten Grade.«

Im Wachzustand wird unser Bewußtsein in der Regel von den Erfahrungen und Aktivitäten in Anspruch genommen, die mit der äußeren Welt zu tun haben und die früher oder später zu physischer Müdigkeit führen. Zusammen mit dem Ich muß dann der Astralleib in die übersinnliche Welt zurückkehren, um neue Kräfte zu holen.

»Er lebt da in der Tat außerhalb des physischen und des Ätherleibes im Weltall. In demselben Weltall, aus dem heraus der ganze Mensch geboren ist. In diesem Weltall ist die Quelle der Bilder, durch die der Mensch seine Gestalt erhält. Er ist harmonisch diesem Weltall eingegliedert. Und er hebt sich während des Wachens heraus aus dieser umfassenden Harmonie, um zu der äußeren Wahrnehmung zu kommen. Im Schlaf kehrt sein Astralleib in diese Harmonie des Weltalls zurück. Er führt beim Erwachen aus dieser so viel Kraft in seine Leiber ein, daß er das Verweilen in der Harmonie wieder für einige Zeit entbehren kann. Der Astralleib kehrt während des Schlafes in seine Heimat zurück und bringt sich beim Erwachen neugestärkte Kräfte in das Leben mit. Den äußeren Ausdruck findet der Besitz, den der Astralleib beim Erwachen mitbringt, in der Erquickung, welche ein gesunder Schlaf verleiht.«

In einem Vortrag vom 17. 6. 1907 (GA 100) sagt Steiner, daß diese unbewußte innere Arbeit des Ätherleibes, dem physischen Organismus neue Kräfte zuzuführen, so lange dauert wie der Schlaf. Erst etwa eine Stunde nach dem Erwachen wird die Wirkung bemerkbar. Tatsache ist ja, daß ein kranker oder müder Mensch sich beim Erwachen am Morgen oft elend fühlt und erst nach und nach die neuen Kräfte spürt, die der Schlaf ihm geschenkt hat.

Die Einprägung übersinnlicher »Vorbilder«, die gemäß Steiner durch die Berührung des Astralleibes mit dem ätherischen Kraftfeld zustande kommt und die notwendig ist für unsere physische Erholung, dürfte sich also in dem Abschnitt des Schlafes abspielen, der durch Träume gekennzeichnet ist. Falls es sich so verhält, fällt von hier aus vielleicht neues Licht auf das tiefe und rätselhafte Bedürfnis des Menschen nach paradoxalem Schlaf.

Steiners Beschreibung des Zusammenspiels zwischen den verschiedenen Wesensgliedern des Menschen, das sich während des Schlafes abspielt, scheint zunächst etwas kompliziert. Die Schilderung kann aber auf eine sehr lebendige und konkrete Art illustriert werden.

Für die Menschen der Antike war es selbstverständlich, daß während des Schlafes sich das innere Wesen in einer anderen, göttlichen Welt befindet, deren Kräfte in den physischen Organismus, unter anderem durch Träume einströmen. Viele Tempel der griechisch-römischen Welt dienten als eine Art Heilstätten, wohin sich große Scharen von Menschen begaben, um von verschiedenen Krankheiten geheilt zu werden. Solche Tempel gab es beispielsweise in Pergamon in Kleinasien und an mehreren Orten in Griechenland und Italien. Der bedeutendste befand sich in Epidauros auf dem Peloponnes.

Was sich dort abspielte, wird von dem französischen Geschichtsgelehrten Robert Flacelière folgendermaßen geschildert:

»Die Pilger gingen abends in der Inkubationshalle zu Bett und schliefen dort. Während des Schlafes wurden sie geheilt – oft nach einem Traum, in welchen sie Asklepios, den Gott der Medizin, Sohn des Apollo, wahrnahmen, der zu ihnen kam, den kranken Körperteil berührte und heilte oder ihnen eine ›Ordination‹ gab, der sie beim Erwachen eiligst folgten. Die interessanten Inschriften in Epidauros haben Informationen über solche ›Mirakel‹ für die Nachwelt aufbewahrt; eine zur Hälfte blinde Frau bekam wieder ihr volles Augenlicht, ein stummes Kind fing plötzlich zu sprechen an, ein Mann wurde von einer faulenden Wunde geheilt.«

In manchen Museen der Welt werden antike »Votivgaben« gezeigt. Sie stammen von Patienten, die sie einem Heilungstempel während der Römerzeit in der Hoffnung auf Heilung – oder auch als Dank für eine Heilung – schenkten. Die Gaben sind Nachbildungen verschiedener Körperteile: Köpfe, Füße, Hände sowie männliche und weibliche Geschlechtsteile.

Die Gegenstände haben in der Regel keine individuelle Ausformung, sondern scheinen in größeren Serien hergestellt worden zu sein. Es kann angenommen werden, daß sie am eigentlichen Kultplatz verkauft wurden.

Nach der »offiziellen« religiösen Anschauung war es die Gottheit, die den Patienten während des Schlafes zu Hilfe kam. Im Grunde genommen wurde aber der Beistand durch die Priester des Tempels vermittelt.

In einem Vortrag vom 5. 9. 1908 (GA 106) macht Steiner geltend, daß der »Tempelschlaf« schon im alten Ägypten von den

Priestern unter Anwendung von Hypnose praktiziert wurde, – aber es waren reelle übersinnliche Erlebnisse, die in den Träumen der Patienten zum Ausdruck kamen.

»Man umdämmerte sein Bewußtsein und ließ ihn in die geistigen Welten hineinschauen. Man lenkte nun seine astralischen Erlebnisse so, daß diese die Kräfte hatten, wieder Gesundheit in den Leib hineinzugießen.«

Die Formen der Hypnose, die in den antiken Asklepiostempeln angewendet wurden, bedeuteten einen tiefen Eingriff in die innere Konstitution der Patienten. Würden sie in unserer Zeit angewendet, würden sie kaum akzeptiert werden, weder in medizinischer noch in ethischer Hinsicht. Derartige Methoden wären aber auch dem heutigen Menschen mit seinem gestärkten Ichbewußtsein nicht mehr angemessen. Es geschieht aber ab und zu, daß auch moderne Menschen spontan solche Erfahrungen machen, die sehr stark an den antiken »Tempelschlaf« erinnern. Ein denkwürdiges Beispiel ist wiedergegeben in der Autobiographie des bekannten schweizerischen Psychologen und Arztes C. G. Jung.

C. G. Jungs Traumvisionen

C. G. Jung lebte von 1875 bis 1961. Als nach seinem Tode seine Autobiographie »Erinnerungen, Träume, Gedanken« veröffentlicht wurde, waren viele seiner engsten Freunde und Mitarbeiter zutiefst erschüttert. Aus dem Buche ging nämlich hervor, daß Jung während seines ganzen Lebens einige grundlegende Tatsachen über seine eigene Innenwelt konsequent verschwiegen hatte. Die ihm Nahestehenden wußten von seiner persönlichen Religiosität als einer Inspirationsquelle, die in seinem unermüdlichen Interesse an Mythen, Träumen und anderen inneren Erlebnissen und in seiner ärztlichen Praxis sowie in seinen wissenschaftlichen Publikationen zum Ausdruck kam. Fast niemand wußte aber, daß Jung während gewisser Zeiten seines Lebens so intensive und umwälzende geistige Erlebnisse hatte, daß er manchmal mehr oder weniger ratlos davorstand. Diese Erlebnisse hatten entscheidende Bedeutung für sein ganzes Leben.

Über die innere Erfahrung, die für seine Entwicklung scheinbar am allermeisten bedeutet hat, schreibt er:

»Zu Beginn des Jahres 1944 brach ich mir den Fuß, und es folgte ein Herzinfarkt. Im Zustand von Bewußtlosigkeit erlebte ich Delirien und Visionen, die angefangen haben müssen, als ich in unmittelbarer Todesgefahr schwebte und man mir Sauerstoff und Kampfer gab.«

Aus dem Folgenden geht hervor, daß seiner Meinung nach allerdings die Behandlung diese Erlebnisse ausgelöst hatte, diese aber lange Zeit andauerten, so daß man sie nicht als halluzinatorisch oder sonst illusionär betrachten konnte.

»Die Bilder waren so gewaltig, daß ich selber schloß, ich sei dem Tode nahe. Meine Pflegerin sagte mir später: ›Sie waren wie von einem hellen Schein umgeben‹: Das sei eine Erscheinung, die sie bei Sterbenden manchmal beobachtet habe. Ich war an der äußersten Grenze und wußte nicht, befand ich mich in einem Traum oder in Ekstase. Jedenfalls begannen sich höchst eindrucksvolle Dinge für mich abzuspielen. Es schien mir, als befände ich mich hoch oben im Weltraum. Weit unter mir sah ich die Erdkugel in herrlich blaues Licht getaucht. Ich sah das tiefblaue Meer und die Kontinente. Tief unter meinen Füßen lag Ceylon, und vor mir lag der Subkontinent Indien.«

Hier folgt eine anscheinend richtige, detaillierte geographische Beschreibung des Panoramas.

»Später habe ich mich erkundigt, wie hoch im Raume man sich befinden müsse, um einen Blick von solcher Weite zu haben. Es sind etwa 1500 km!«

Jung beschreibt, wie er sich im Traum gegen Süden drehte und einen dunklen Steinblock erblickte, der einem ungeheuren, im Weltenall schwebenden Meteoriten glich. »Der Stein« zeigte sich ihm als Tempel.

»Ein Eingang führte in eine kleine Vorhalle. Rechts saß auf einer Steinbank ein schwarzer Inder im Lotussitz. So erwartete er mich – schweigend.

Als ich mich den Stufen zum Eingang in den Felsen näherte, geschah mir etwas Seltsames: ich hatte das Gefühl, als ob alles Bisherige von mir abgestreift würde. Alles, was ich meinte, was ich wünschte oder dachte, die ganze Phantasmagorie irdischen Daseins fiel von mir ab, oder wurde mir geraubt – ein äußerst schmerzlicher Prozeß. Aber etwas blieb; denn es war, als ob ich alles, was ich je gelebt oder getan hätte, alles, was um mich geschehen war, nun bei mir hätte. Ich könnte auch sagen: es war bei mir, und das war Ich.«

Jung kam jetzt – im Traume – zu der Überzeugung, daß er im Tempelinnern alle die Menschen antreffen würde, mit denen er zutiefst verbunden war. Er glaubte aber auch, daß er dort Antwort finden würde auf alle seine Fragen über den eigentlichen Sinn seines Lebens und über die vorgeburtliche und nachtodliche Existenz des Menschen.

»Während ich noch über diese Dinge nachdachte, geschah etwas, das meine Aufmerksamkeit in Anspruch nahm: von unten, von Europa her, stieg ein Bild herauf. Es war mein Arzt, oder besser sein Bild, umrahmt von einer goldenen Kette oder von einem goldenen Lorbeerkranz. Ich wußte sofort: Ach, das ist ja mein Arzt, der mich behandelt hat. Aber jetzt kommt er in seiner Urgestalt, ein Basileus von Kos. (In Kos stand einer der berühmtesten Tempel der Antike – der Asklepios-Tempel –, wo man durch Träume Heilung suchte, ›Basileus‹ ist griechisch und bedeutet König.)

Im Leben war er ein Avatar dieses Basileus, die zeitliche Verkörperung der Urgestalt, die von jeher gewesen ist. Nun kommt er in seiner Urgestalt. (Das Wort ›Avatar‹ stammt aus dem Sanskrit und bedeutet Gottesinkarnation.)

Nachdem er wie ein Bild aus der Tiefe zu mir herangeschwebt war und vor mir stand, fand eine stumme Gedankenübermittlung zwischen uns statt. Mein Arzt war nämlich von der Erde delegiert, um mir eine Botschaft zu bringen: es würde dagegen protestiert, daß ich im Begriff sei wegzugehen. Ich dürfe die Erde nicht verlassen und müsse zurückkehren. Im Augenblick, als ich das vernommen hatte, hörte die Vision auf.«

Jungs Genesung

Die von Jung hinzugefügten Erwägungen sind besonders beachtlich. Er betont, daß er nicht zum Leben zurückkehren wollte. Er konnte nicht mehr essen, weil alle Gerichte ihn mit Abscheu erfüllten. Während er gegen seinen Willen langsam genas, gingen die Traumvisionen täglich weiter.

»Von der Schönheit und der Intensität des Gefühls während der Visionen kann man sich keine Vorstellung machen. Sie waren das Ungeheuerste, was ich je erlebt habe. Und dann dieser Kontrast, der Tag! Da war ich gequält und mit den Nerven vollständig herunter. Alles irritierte mich. Alles war zu materiell, zu grob und zu schwerfällig ...«

Sein Wille stellte sich dem Arzt entgegen, der geduldig bestrebt war, den Körper zu heilen, den er selber verlassen wollte. In seinem weltfremden Zustand versuchte Jung, den Arztkollegen für seinen Traum zu interessieren. Er wurde äußerst irritiert, als sein Kollege darauf nicht eingehen wollte.

»Andererseits war ich besorgt um ihn: Er ist ja bedroht, um Gottes willen! Er ist mir ja in seiner Urgestalt erschienen! Und wenn einer diese Gestalt erreicht hat, ist es soweit, daß er sterben muß. – Plötzlich kam mir der erschreckende Gedanke, er müsse sterben – an meiner Stelle!«

Jung wurde mehr und mehr davon überzeugt, daß sein Arzt sterben würde. Dies geschah auch tatsächlich.

»Am 4. April 1944 – ich weiß das Datum noch genau – durfte ich zum ersten Mal auf dem Bettrand sitzen, und an diesem gleichen Tage legte er sich ins Bett und ist nicht mehr aufgestanden. Ich vernahm, daß er gelegentlich Fieberanfälle hatte. Bald darauf ist er an Blutvergiftung gestorben. Er war ein guter Arzt und hatte etwas Geniales. Sonst wäre er mir auch nicht als Fürst von Kos erschienen.«

Jung selber aber wurde wieder gesund. Als er fühlte, daß er endgültig auf dem Wege zurück ins Leben war, hörten die Visionen auf.

»Nach der Krankheit begann eine fruchtbare Zeit der Arbeit für mich. Viele meiner Hauptwerke sind erst danach entstanden.«

Über die Glaubwürdigkeit dieser Erzählung kann man natürlich diskutieren. Will man den Wahrheitsgehalt in Frage stellen, muß man aber bedenken, daß Jung selber ein sehr erfahrener Arzt und geübter psychologischer Beobachter war – und daß er selber nicht geheilt werden wollte. Seine eigene Überzeugung, daß die Visionen stark zu seiner Genesung beigetragen haben, kann also nicht ohne weiteres zurückgewiesen werden. Jungs Beschreibung, wie er seinen Kollegen als einen »Basileus aus Kos« erlebte, klingt wie eine Wiedererinnerung an die Welt des antiken Asklepioskultes.

Wir haben jetzt einen wichtigen Punkt in unserer Darstellung erreicht.

Die ersten drei Kapitel wollten eine gedankliche Grundlage aufbauen, die für das fortgesetzte Studium dieses Buches unerläßlich ist.

Wer nichts weiß von Steiners Anschauungen über – beispielsweise – die organische Natur, die innere Konstitution des Menschen und die Bedeutung des Schlafes für unsere Existenz, kann den anthroposophischen Übungs- und Erkenntnisweg nicht verstehen.

Das meditative Üben

Immer mehr Menschen fühlen ein Bedürfnis nach der inneren Ruhe und der Seelenstärke, die durch Meditation erreicht werden können.

Das Angebot an Meditationswegen ist nunmehr ungeheuer reich. Jedem Menschen, der seine physische oder psychische Gesundheit bzw. Leistungsfähigkeit aufbauen möchte, bieten sie ihre Hilfe an. Sie setzen keine besondere Weltanschauung voraus, und eingehende Studien werden nicht verlangt.

Gerade weil keine Forderungen in bezug auf Vorkenntnisse gestellt werden, wird oft hervorgehoben, daß ein Lehrer (Guru) unerläßlich ist.

Der anthroposophische Erkenntnisweg

Der anthroposophische Schulungsweg unterscheidet sich von den »üblichen« Übungswegen in einigen wesentlichen Punkten, die ich hier hervorheben möchte.

Er kann sehr stark dazu beitragen, das Arbeitsvermögen und das innere Gleichgewicht zu verbessern; seine Aufgabe liegt aber nicht nur auf seelisch-hygienischer Ebene. Die äußerste Zielsetzung – wenn auch am Anfang sehr entfernt scheinend – liegt darin, die seelischen und geistigen Fähigkeiten zu entwikkeln, die nötig sind, um klar und bewußt in eine übersinnliche Welt hineinschauen zu können.

Der Übungsweg ist also mit einer bestimmten Lebensauffassung verbunden. Es ist nicht unbedingt notwendig, diese Lebensauffassung zu bejahen, um die Übungen durchführen zu können. Die Schulung ist jedoch nicht sinnvoll für denjenigen, der die eigentliche Zielsetzung nicht voll und ganz akzeptieren kann.

Die Anweisungen, die zur Durchführung der Übungen notwendig sind, und die Erkenntnisse über das innere Wesen des Menschen, die der Schulung zugrunde liegen, sind vollständig und ausführlich in öffentlichen Publikationen dargestellt.

Der erste Schritt des Übungsweges ist reine Studienarbeit. Von besonderer Wichtigkeit ist das Erarbeiten einer klaren, gut durchdachten Anschauung von den verschiedenen Wesensgliedern des Menschen und von den Wirkungen, die in diesen durch die Übungen hervorgerufen werden können.

Aus diesem Grunde scheint der anthroposophische Übungsweg vielleicht »unbequemer« als viele andere Methoden, er hat andererseits auch ein paar wesentliche Vorteile.

Derjenige, der die von Steiner empfohlenen Übungen durchführen will, braucht nicht von unrealistischen Erwartungen auszugehen. Er erfährt sehr schnell, daß man nicht leicht mit gewonnenen Resultaten rechnen kann, andererseits aber auch, daß die Wirkungen, die erreicht werden können, tatsächlich in die Tiefe gehen und nicht mehr oder wenig zufällig sind.

Vor allem braucht der Betreffende keinen persönlichen Führer oder Lehrer.

Kein »Guru« ist notwendig

Wer eine Übung oder eine Reihe von Übungen durchführt, weiß schon im voraus, worauf es hinausgeht. Man ist sich auch der Probleme und Schwierigkeiten, die auftauchen können, voll bewußt. Durch das Selbststudium weiß man, oder kann man erkennen lernen, was notwendig ist, um diesen Problemen oder Schwierigkeiten begegnen und sie überwinden zu können.

Es kann natürlich sehr hilfreich sein, mit Menschen zu sprechen, die langjährige Erfahrung mit dem anthroposophischen Übungsweg haben, oder Vorträge zu besuchen und an Kursen teilzunehmen. Solche Möglichkeiten bieten sich an den meisten Orten, wo aktive Anthroposophen zu Hause sind. Fühlt man das Bedürfnis nach solchen Kontakten, muß man nur wissen, daß die dargebotene Hilfe immer auf einer kollegialen Ebene gegeben wird. Es kann niemand Lehrer sein für einen anderen.

Natürlich kann man sagen, daß Rudolf Steiner insofern ein Lehrer war, als der eigentliche Übungsweg und seine geistige Grundlage von ihm gegeben wurde. Das ist wahr. Er war aber nicht ein »Guru« in der Art, wie es solche in den verschiedenen Yogaschulen gibt und immer gegeben hat. Steiner übernahm die Verantwortung, Anweisungen zu veröffentlichen, die früher nur mündlich von Lehrer zu Schüler weitergegeben wurden und die in vielen Fällen mit strengster Schweigepflicht belegt waren. (Wir kommen später zurück auf die Gründe, weshalb eine solche Geheimhaltung in älteren Zeiten als notwendig betrachtet wurde.) Liest man beispielsweise aufmerksam das Buch »Wie erlangt man Erkenntnisse der höheren Welten?« (GA 10), findet man viele Ratschläge und Anweisungen, die in dieser Art bis dahin nicht in einer zusammenhängenden, systematischen Darstellung veröffentlicht waren. Damit aber hatte Steiner tatsächlich auf einen großen Teil seiner »Lehrerautorität« verzichtet. Er konnte nicht diejenige Forderung geltend machen, die verantwortungsvolle Yogalehrer in vielen Fällen als Bedingung für ihren Unterricht hinzustellen gezwungen sind, nämlich daß der Schüler seine Lebensführung nach den mündlichen Anweisungen des Lehrers – manchmal bis ins kleinste Detail hinein – auszurichten hat.

Das Erkenntnismaterial, das Steiner zur Verfügung stellte, war umfassend. Damit übernahmen seine Schüler aber sowohl eine Verantwortung als auch einen Grad von persönlicher Freiheit, wie sie bei früheren Formen innerer Schulung (beispielsweise in antiken Mysterienschulen oder in indischen »Ashrams« mit traditionellem Yogaunterricht) nicht möglich gewesen sind.

Keine Drogen, keine Medien

Der Deutlichkeit halber sollten hier auch einige andere wichtige, grundsätzliche Tatsachen über den anthroposophischen Schulungsweg hervorgehoben werden. Es handelt sich durchweg um Übungen, die zum Ziel haben, latente innere Kräfte ins Bewußtsein hinaufzuheben und diese Kräfte durch ständig wiederholte Aktivierung immer mehr zu verstärken. Dies Grundprinzip führt zu Konsequenzen, die in die verschiedensten Richtungen gehen.

Um Ereignisse auf der Erde zu beobachten, können allerlei technische Apparate eine unentbehrliche und unschätzbare Hilfe sein. Sie können aber nicht dazu verwendet werden, die Offenheit des Menschen für übersinnliche Phänomene hervorzulocken oder zu verbessern. Es soll besonders hervorgehoben werden, daß, wenn man gewisse Zentren im Nervensystem durch technische Mittel – beispielsweise durch ein Tonband – stimuliert, mehr oder weniger halluzinatorische Erlebnisse hervorgerufen werden können. Solche Effekte setzen aber innere

Passivität voraus bei demjenigen, der sie erlebt, und tragen nicht dazu bei, seine inneren Kräfte zu stärken.

Auch Drogen und andere chemische Stimulantia können dazu verwendet werden, halluzinatorische Erlebnisse hervorzurufen. Sie können aber in keiner Hinsicht ein Hilfsmittel für eine geistige Schulung sein. Sie stellen im Gegenteil ernste Hindernisse dar, weil sie nicht nur die physische Gesundheit, sondern auch die psychischen Fähigkeiten, die für das eigentliche Üben notwendig sind, schwächen.

Drogensüchtige Menschen sind oder werden willensschwach. Sie können nicht auf eine konsequente Art die Übungen, die hier geschildert werden, durchführen. Die Erfahrung zeigt, daß eine vollständige Drogenfreiheit – dies gilt auch für Haschisch – eine notwendige Voraussetzung ist für denjenigen, der innere Ruhe und seelisches Gleichgewicht durch den anthroposophischen Übungsweg erreichen will.

Ein paar Worte seien hinzugefügt über den Trancezustand, der zuweilen angestrebt wird, um in Kontakt mit einer übersinnlichen Welt zu gelangen. Der anthroposophische Schulungsweg zielt, im Gegensatz dazu – wie schon angedeutet worden ist – darauf hin, das Bewußtsein zu schärfen und nicht zu dämpfen. Hat jemand angeborene Fähigkeiten mehr oder weniger medialer Art, sind ihm solche Fähigkeiten keine Hilfe, wenn er die Übungen ausführen will, die von Steiner empfohlen werden. Sie können im Gegenteil ein echtes Hindernis sein, weil sie es leicht machen, sich »in Trance« zu versetzen, um sich der übersinnlichen Welt zu nähern. In diesem Zustand kann man jedoch nicht bewußt üben.

Die extreme innere Passivität, die als Voraussetzung gilt für alle medialen Erlebnisse, ist in der Praxis unvereinbar mit der seelischen Aktivität, die für jede Form systematischer geistiger Schulung notwendig ist.

So können drei wesentliche Merkmale für eine innere Schulung angesehen werden:

● Studien
● Meditation
● Moralisches Üben

Wie schon betont worden ist, bilden Selbststudien in der einen oder anderen Form einen notwendigen Teil des anthroposophischen Schulungsweges. Sie spielen eine ähnliche Rolle wie der mündliche Unterricht, der in den Mysterienschulen des Altertums gegeben wurde und der immer noch in – beispielsweise – vielen indischen Ashrams (Meditationszentren) praktiziert wird. Das Studium kann an sich zu einer besonderen Form des Übens werden. Für denjenigen, der sich auf eine bewußte Weise vorbereiten will für das reale Erleben übersinnlicher Phänomene, ist es eine zentrale Aufgabe, sich zunächst ein deutliches Bild der betreffenden Erscheinung vor das innere Auge zu stellen. Es ist wichtig, daß die Vorstellung so konkret wie möglich wird und daß es der Übende selbst ist, der die innere Arbeit verrichtet, um die Vorstellungen lebendig zu machen.

Die Fähigkeit, die durch eine solche innere Aktivität erlangt werden kann, nannte Steiner »leibfreies Denken«. Was er darunter verstand, wird später noch deutlicher (vgl. beispielsweise S. 136).

Als Lesestoff für ein solches Studium eignen sich sowohl klassische religiöse Schriften wie auch Meisterwerke der Weltliteratur (Homers Odyssee, Dantes Divina Commedia, Goethes Faust u. a.). Auch in einigen »Visionsschilderungen« aus älterer und neuerer Zeit gibt es anschauliche und manchmal wirklich großartige Beschreibungen übersinnlicher Wirklichkeiten. Sie sind aber keine eigentliche Hilfe bei der Art des Übens, die ich hier zu schildern versuche. Die erwähnten Schilderungen sprechen ganz andere Schichten an im Menschen als das Denkvermögen. Dem Leser werden die Bilder »gratis« geliefert, und er wird in der Regel nicht zu der Anstrengung veranlaßt, die erforderlich ist, um den Textinhalt in lebendige, innere Gedankenbilder zu verwandeln.

Die grundlegenden Werke Steiners, z. B. »Theosophie« (GA 9), und »Die Geheimwissenschaft im Umriß« (GA 13) sind als eine Art Übungsmaterial geschrieben. Die Sprache ist weder poetisch noch hochtrabend. Es handelt sich um nüchterne Prosa. Der Inhalt wird in Begriffsform dargelegt. Er ist klar und deutlich, bedarf aber des Nachdenkens, um verstanden zu werden.

Die Bücher, die Steiner geschrieben hat, sind also im gewöhnlichen Sinne nicht einfach zu lesen. Eine Ausnahme ist vielleicht »Wie erlangt man Erkenntnisse der höheren Welten?«, das teilweise eine eher erzählende Form hat und vielleicht Steiners meist gelesenes Werk geworden ist.

Wer ein Bedürfnis hat nach wirklicher »geistiger Nahrung« und sich vor der inneren Aktivität nicht scheut, die nötig ist, um sie aufzunehmen, kann in diesen grundlegenden Werken eine unversiegbare Quelle finden, zu der man immer wieder zurückkehrt. Steiners Vorträge sind ein besonderes Kapitel. Sie sind vom Zeitpunkt, da sie gehalten wurden, und vom Publikum, das sich dazu eingefunden hatte, stark gefärbt. Oft wandte sich Steiner an eine spezielle Gruppe von Zuhörern oder auch an einzelne Personen, von denen er wußte, daß sie besondere Fragen hatten. Die Vorträge wurden stenographisch mitgeschrieben, können aber, trotz aller Bemühung um Exaktheit beim Niederschreiben bzw. beim Redigieren, Ungenauigkeiten enthalten. Sie sind also nicht im gleichen Maße »repräsentativ« wie die von ihm geschriebenen Werke anzusehen. Trotz der Gefahr, eines unverbesserlichen Autoritätsglaubens bezichtigt zu werden, muß ich gestehen, daß ich keine bessere Hilfe für das Erüben eines leibfreien Denkens kenne als die Werke Rudolf Steiners.

Einige Einwände

Gegen die hier gegebene Schilderung kann selbstverständlich der Einwand erhoben werden, das Studieren von Steiners Büchern sei keine Denk-, sondern eher eine Glaubensübung. Dieser Einwand beruht aber auf einem Mißverständnis. Ein solches Studium, das ich hier meine, muß und darf nicht unkritisch sein. Es ist im Gegenteil sehr wichtig, daß derjenige, der sich mit einer Beschreibung übersinnlicher Phänomene befaßt, dies auf eine wache und bewußte Weise tut, unter voller Aufrechterhaltung seiner kritischen Fähigkeiten. Er kann bezweifeln, was er liest, er kann sich darüber aufregen und das Buch auf die Seite legen – vielleicht für längere Zeit, vielleicht für immer. Das Publikum, das Steiner am meisten schätzte und das er immer anzusprechen versuchte, bestand nicht aus »gläubigen« Personen, die bereit waren, alles Gehörte ohne weiteres zu schlucken, sondern aus Menschen, die sich die Mühe gaben, selbständig zu denken.

Persönlich kenne ich einige Menschen, die sich mit den Darstellungen Steiners scheinbar gründlich befaßt haben, um später davon Abstand zu nehmen, öffentlich oder im stillen. Diese Fälle sind aber ziemlich selten. Dagegen weiß ich viele Beispiele von Kritikern, die öffentlich sein Lebenswerk abwiesen oder sogar angriffen, aber offensichtlich seine Aussagen nicht gehörig überprüft haben.

Schließlich möchte ich einem Einwand begegnen, der oft von Menschen angeführt wird, denen es aus verschiedenen Gründen schwerfällt, Bücher zu lesen. Einige von ihnen empfinden das Buchstudium als eine Art Intellektualismus. Sie meinen, das Lesen könne durchaus ersetzt werden durch andere, wertvollere Aktivitäten, beispielsweise durch Gespräche, Naturbeobachtungen, künstlerische Aktivitäten usw.

Dieser Einwand trifft aber nicht den Kern der Sache. Gespräche, Naturstudien und künstlerisches Üben sind Tätigkeiten von einem Wert, der nie stark genug betont werden kann. Ich glaube aber nicht, daß sie einen Ersatz bilden können für die ruhige, konzentrierte und rhythmisch wiederkehrende Denkübung, die durchgeführt wird, indem man während einer längeren Zeit jeden Tag einen Abschnitt im gleichen Buch besinnlich durchliest.

Worauf es ankommt bei einem solchen Studium, ist selbstverständlich nicht die Quantität des Durchgenommen. Es ist oft besser, einige Seiten, eine Seite oder gar nur wenige Sätze zu lesen – sie aber wirklich zu durchdenken.

Herbert Hahn – einer der bekanntesten Lehrer der ersten Waldorfschule – erzählt in seiner Autobiographie (Der Weg, der mich führte. Stuttgart 1969) von einem älteren Freunde, dem von Steiner geraten wurde, täglich aus dem Buch »Theosophie« nur einen einzigen Satz zu lesen. Der Gedanke hinter dieser Aufforderung war wahrscheinlich, daß sein Konzentrationsvermögen eine Stärkung brauchte.

Sich durch Üben ein leibfreies Denken anzueignen, ist keine Form von Intellektualismus. Es bedeutet – unter anderem – im Gegenteil das Bestreben, jenes abstrakte und oberflächliche Denken, das den Intellektualismus kennzeichnet, zu überwinden.

Die Meditationsübungen, die Steiner empfiehlt, beruhen auf einem intensivierten Denken. Man könnte vielleicht befürchten, daß energische Gedankenübungen den Menschen in einen introvertierten Grübler verwandeln. Dies ist aber weder wünschenswert noch notwendig. Im Gegenteil ist es eine große Hilfe für das Meditieren, wenn man sich die Gewohnheit aneignet, seine Umgebung genauer als vorher anzuschauen. Der eigentliche Ausgangspunkt des Übens wird in dem Buch »Wie erlangt man Erkenntnisse der höheren Welten?« folgendermaßen beschrieben:

»Der Anfang muß damit gemacht werden, die Aufmerksamkeit der Seele auf gewisse Vorgänge in der uns umgebenden Welt zu lenken.«

Wer gerne in der Natur wandert und ihre Vorgänge beobachtet, kann in dem Buche viele fruchtbare Anregungen finden.

Die erste Übung, die dort beschrieben wird, soll besonders hervorgehoben werden. Sie besteht darin, daß man sich wechselweise vertieft in die Erscheinungen des Sprießens und Wachsens und in Phänomene, in denen das Welken und der Tod zum Ausdruck kommen. Es geht nicht darum, ein methodisches wissenschaftliches Studium durchzuführen, aber auch nicht, sich irgendwelchen schwärmerischen Spekulationen hinzugeben. Die Aufgabe ist, die verschiedenen Erscheinungen in der organischen Welt so genau wie möglich mit·gesunden, wachen Sinnen zu beobachten und die Eindrücke »in sich hineinsinken« zu lassen. Das meditative Üben fängt an, wenn man nach der Beobachtung in aller Ruhe das Erlebte in möglichst konkrete innere Bilder bringt. Die Übung kann etwa in der folgenden Weise durchgeführt werden:

Ist es Sommer, kann man die grünen Blätter auf einem Baum vergleichen mit den welken Blättern, die früher auf dem Baum waren und jetzt auf der Erde liegen. Ist es Winter, kann man sich zuerst auf die geschlossenen Knospen konzentrieren und dann auf die abgestorbenen Zweige. In beiden Fällen hat man »Leben« und »Tod« in anschaulicher Form vor sich.

Eine richtig durchgeführte Meditation führt zu Gefühlserlebnissen, die absolut nicht herausgepreßt oder hervorsuggeriert werden müssen, sondern früher oder später ganz von selbst aus der Betrachtung heraus entstehen. Solche Gefühle sollten etwas »Objektives« zum Ausdruck bringen. Sie haben nicht nur mit uns selber, sondern auch und vielleicht vor allem mit der Welt um uns zu tun. In der Beschreibung der oben angeführten Übung hat Steiner ein Beispiel eines solchen objektiven Gefühlserlebnisses gegeben:

»Wer oft die Aufmerksamkeit auf den Vorgang des Werdens, des Gedeihens, des Blühens gelenkt hat, der wird etwas fühlen, was der Empfindung bei einem Sonnenaufgang entfernt ähnlich ist. Und aus dem Vorgang des Welkens, Absterbens wird sich ihm ein Erlebnis ergeben, das in ebensolcher Art mit dem langsamen Aufsteigen des Mondes im Gesichtskreis zu vergleichen ist.«

Verschiedene Meditationsthemen

An einen geeigneten Meditationsstoff muß immer die Forderung gestellt werden, daß derjenige, der sich darinnen vertieft, in eine ganz neue Gedankensphäre eintritt als die, in der er sich im täglichen Leben sonst befindet.

Als eine Reihe von Meditationsmitteln aus den Erscheinungen der äußeren Welt gelten Steine, Samen, Pflanzen, Tiere und Menschen. Die entsprechenden Übungen sind in »Wie erlangt man Erkenntnisse der höheren Welten?« beschrieben.

Es gibt aber auch Meditationsthemen anderer Art.

Man kann sich eine geometrische Figur vorstellen und sie sich gewissen Veränderungen unterziehen lassen, beispielsweise die Seiten eines Dreiecks in verschiedene Richtungen verschieben (vgl. hierzu den Vortrag von R. Steiner am 20.1.1914, GA 151). Man kann von einer symbolischen Vorstellung irgendeiner Art ausgehen. Ein lehrreiches Beispiel ist die ausführliche Schilderung der »Rosenkreuzermeditation« in »Geheimwissenschaft im Umriß«.

Eine wichtige und besonders häufig angewandte Meditationsform ist, sich in einen Text zu versenken. Bei einem solchen Text kommt es nicht nur auf den Inhalt an, sondern im gleichen Maße auf die Wörter und die verschiedenen Laute. Die Wörter brauchen nicht laut ausgesprochen zu werden. Es genügt, wenn man sie so deutlich wie möglich im Inneren »hört«.

Brauchbare Texte findet man z. B. in älteren religiösen Urkunden oder bei einigen der klassischen Philosophen. Als konkrete Hinweise können der Prolog zum Johannesevangelium und der Anfang von J. G. Fichtes »Die erste Einleitung zur Wissenschaftslehre« genannt werden.

In den Texten Steiners gibt es viele Beispiele geeigneter Meditationsübungen, so in den »Wahrspruchworten«. Im »Seelenkalender« (in: GA 40), der an den Jahresablauf anknüpft, ist für jede Woche eine meditative Betrachtung gegeben. Ein kurzer Meditationstext aus einem der vier »Mysteriendramen« wird im Kapitel »Denken – Fühlen – Wollen« angeführt.

Einige Worte zur Meditationstechnik

Es bedarf zur Meditation keiner besonderen Körperstellung oder irgendeines besonderen Atemrhythmus. Man soll nur darauf bedacht sein, daß der Körper nicht unnötigerweise das Denken hindert. Empfehlenswert ist also, bequem und möglichst aufrecht zu sitzen, weil es in dieser Stellung in der Regel leichter ist, sich zu konzentrieren. Die Übungen müssen nicht viel Zeit in Anspruch nehmen. Steiner hebt hervor, daß man nur mit fünf Minuten pro Tag auskommen kann. Es kommt darauf an, wie die Zeit genutzt wird. Dennoch sind fünf Minuten sehr wenig. Wer ernsthaft mit dem meditativen Üben beginnt, hat in der Regel das Bedürfnis, mehr Zeit dafür aufzuwenden.

Obwohl dies eigentlich selbstverständlich ist, sollte vielleicht doch erwähnt werden, daß die Zeit, die für innere Übungen gebraucht wird, absolut nicht zum Hindernis werden darf, den Pflichten des täglichen Lebens nachzugehen. Das Meditieren soll – wie gerade betont worden ist – so betrieben werden, daß die Teilnahme an den Vorgängen in der Welt und in der unmittelbaren Umgebung nicht beeinträchtigt wird. Menschen, die von Natur aus introvertiert sind, haben es besonders nötig, auf diese Gefahr zu achten.

Die Auswahl der Übungen ist individuell. Verschiedene Menschen können verschiedene Bedürfnisse haben. Von größter Bedeutung ist, daß die gefaßten Entschlüsse mit unerschütterlicher Ausdauer durchgeführt werden.

Manche Übungen können oder müssen nach einiger Zeit durch andere ersetzt werden (dies gilt natürlich insbesondere für solche, die für eine spezielle Woche oder Jahreszeit gemeint sind). Andere Meditationen können ihre volle Fruchtbarkeit nur dann entfalten, wenn sie während sehr langer Zeit regelmäßig praktiziert werden. Manche Menschen fassen den Entschluß, die gleiche Übung jeden Tag für den Rest ihres Lebens auszuüben – und führen ihn auch durch.

Weil das Üben auf Gedankentätigkeit beruht, wird die Wirkung geschwächt, wenn man während der Meditation an irgend etwas anderes denkt. Volle innere Aktivität ist unerläßlich. Die Kraft, die in den Meditationsübungen liegt, ist latent und kann nur durch die eigene innere Anstrengung des Menschen ausgelöst werden.

Das Ideal ist also, unwichtige oder belanglose Gedanken, Gefühle, Willensimpulse und – im möglichsten Maße – auch Sinneswahrnehmungen während der Zeit des Übens ganz auszuschließen. Dies ist in der Praxis nicht immer so leicht durchzuführen. Man tut sein Bestes und läßt sich durch die unvermeidlichen Mißerfolge nicht abschrecken. Die Konzentrationsübung, die im nächsten Kapitel beschrieben wird, ist eine gute Hilfe, die Gedanken sammeln zu lernen.

Eine zentrale Erfahrung, die im Verlaufe des Übens gemacht werden kann, ist das stufenweise Freiwerden eines »inneren Menschen«, der durch die Denkaktivität in Erscheinung tritt und der sich von unserem »gewöhnlichen Ich« durchaus unterscheidet.

In den Momenten, in denen dies Erlebnis auftritt, ist die Konzentration kein Problem. Der innere Mensch hat die Kraft, sich über die Ärgernisse und die Sorgen des Alltags zu erheben.

Es soll hier betont werden, daß die tiefe Ruhe und die intensive Freude, die in solchen Augenblicken erfahren werden kann, gar nichts mit Passivität zu tun hat. Das Erlebnis ist – wenn der paradoxe Ausdruck erlaubt ist – eine »Ruhe in innerer Aktivität«.

Sorgen und Mißerfolge färben selbstverständlich die Meditationserlebnisse. Die persönliche Situation erscheint aber in einem anderen Lichte, wenn man – trotz allem – die besondere innere Energie aufbringt, die notwendig ist, um auch in wirklichen Lebenskrisen das regelmäßige Üben fortsetzen zu können.

Der Tagesrückblick

Eine von Steiner empfohlene Übung ist, des weiteren jeden Abend vor dem Einschlafen einen Rückblick auf den vergangenen Tag durchzuführen. Wer sich irgendeiner Form von Abendmeditation hingibt, sollte den Rückblick vor der Meditation machen.

Die Übung sollte rückwärts gemacht werden und möglichst den Verlauf des ganzen Tages umfassen. Man sieht sich selber »in den Geschehnissen« mit dem Anfang am Abend und verfolgt die Ereignisse bis zum Erwachen am Morgen. Der Rückblick sollte nicht zu lange dauern. Steiner erwähnt eine Zeit von fünf Minuten. In der Praxis bedeutet dies, daß man sich auf die wichtigsten Ereignisse beschränken muß.

Ein geeignetes Vorgehen ist, besondere Bilder auszuwählen und sich diese mit größtmöglicher Deutlichkeit vorzustellen. Andere Geschehnisse werden mehr übersichtlich betrachtet. Es ist besonders wesentlich, daß der Rückblick nicht zu einem Anklageakt wird. Man sollte sich von Urteilen und Schätzungen zurückhalten. Je sachlicher und objektiver man sich selber und seine Umgebung betrachten kann, desto besser.

Die Abendübung geht darauf aus, daß man sich durch ruhiges und friedliches Zurückschauen vom eben vergangenen Tage »frei« macht. Der Grund, warum der Rückblick rückwärts gemacht werden sollte, liegt darin, daß diese Perspektive eine größere Gedankenanstrengung und Bewußtheit verlangt. Fängt man beim Morgen an, kann das bedeuten, daß die Erinnerungen sich mehr oder weniger automatisch abspielen. Die »Rückwärtsperspektive« kann manchmal unvermeidlich ein wenig komisch werden. Dies ist aber kein Nachteil. Es kann sehr nützlich sein, das eigene Bild mit einer leisen Ironie zu betrachten.

Einige Erfahrungen

Wer jahrelang nach Steiners Anweisungen meditiert hat, kann wenigstens bis zu einem gewissen Grad die Wirkungen überblicken.

Ich beschränke mich hier darauf, Erfahrungen zu benennen, die ich für sehr normal und repräsentativ halte und die offensichtlich direkt mit dem eigentlichen Üben zusammenhängen. Eine Meditation, die vor dem Einschlafen am Abend durchgeführt wird, kann eine besonders starke Wirkung haben. Kann man dann die Müdigkeit überwinden und sich wirklich intensiv in die gewählten Übungen versenken, wird es gewiß vorkommen, daß das Einschlafen »Verspätung« hat – der Schlafverlust aber, der dadurch entsteht, wird durch die erhöhte Denk- und Handlungskraft, die man am nächsten Tag verspürt, in der Regel mehrfach kompensiert. Die Fähigkeit, sich gefühlsmäßig in die Probleme anderer Menschen einleben zu können, verbessert sich. Sowohl das Denken als auch das Fühlen und Wollen werden also beeinflußt. Wer unter Schlafstörungen leidet, sollte natürlich mit seinem Abendprogramm vorsichtig umgehen. Wer aber normalerweise gut schläft, kann ohne weiteres ausprobieren, ob er die gleiche Erfahrung macht.

Die Qualität der Morgenmeditation ist in der Regel sehr stark abhängig von dem, was am Abend vor dem Einschlafen geschah. Daß die Übungen, die abends vorgenommen werden, einen starken Einfluß haben auf die unbewußten nächtlichen Erlebnisse des Menschen, ist offenbar.

Wenn man sich ein regelmäßiges Üben zur Gewohnheit gemacht hat und aus irgendeinem äußeren Grund darin nachlässig wird, stellen sich bald negative Auswirkungen ein, indem die neu erworbenen, seelischen Kräfte wieder nachlassen. Das Selbstvertrauen, die Schärfe des Denkens und die Willenskraft nehmen ab, das Interesse an anderen Menschen wird schwächer.

Wer sich ein tiefes und dauerhaftes Bedürfnis nach einem solchen inneren Üben erworben hat, wird unter Umständen große Schwierigkeiten haben, wieder damit aufzuhören. Es ist durchaus denkbar, daß ernste innere Probleme daraus entstehen. Hat man einmal begonnen, seinen inneren Menschen zum bewußten Leben zu erwecken, kann man nicht nach Belieben mit ihm verfahren.

Ein aktiver Sportler, der mit dem Training plötzlich aufhört, kann dadurch schwere Störungen, sowohl in seinem physischen als auch in seinem allgemeinen gesundheitlichen Zustand, erleiden. Sein dem ständigen Üben unterzogener Körper reagiert empfindlicher als ein untrainierter.

Ähnliches gilt auch für die übersinnlichen Wesensglieder des Menschen. Die erworbenen Seelenkräfte wollen in ihrer Stärke und Frische durch ständig wiederholtes Üben erhalten werden.

Eine der wichtigsten Wirkungen, die durch ein anhaltendes Üben auftreten können, liegt darin, daß der Zweifel an der Existenz eines inneren Menschen nach und nach schwindet. Man weiß, daß Seele und Geist nicht nur Begriffe, sondern Wirklichkeiten sind. Der »Geist« ist der eigentlich Übende. Die »Seele« ist die Substanz, die bearbeitet wird. Ein Mensch, der solche

Beobachtungen macht und erlebt, wie sie immerfort bestätigt werden, kommt zu inneren Erfahrungen, die man ihm nicht mehr ausreden kann und die ihm auch nicht mehr zu nehmen sind.

Veränderungen im Astralleib

Die stufenweisen Veränderungen, die durch meditatives Üben zu erreichen sind, drücken sich gemäß Steiner mit der Zeit in den übersinnlichen Wesensgliedern aus. Sie können aber nicht im Wachzustande bemerkt werden, weil der innere Mensch von den Erlebnissen des Tagesbewußtseins zu stark beeinflußt wird. Sie wirken sich jedoch während des Schlafes aus.

Was nach dem Einschlafen durch das regelmäßige tägliche Meditieren geschehen kann, ist von Steiner in mannigfacher Weise geschildert worden. Ein besonders wichtiger Hinweis findet sich in einem Vortrag vom 20. 5. 1908 (GA 103). »Wenn er (der Astralleib) im Schlafe aus der Leiblichkeit heraustritt, folgt er den astralischen Kräften, die in ihm angelegt sind. So muß man während des Tagwachens diejenigen geistigen Verrichtungen vornehmen« – hier ist das meditative Üben gemeint – »durch welche in der Nacht der astralische Leib sich so plastisch gestaltet, daß er in sich die Organe bildet zum höheren Wahrnehmen.«

Daraus erhellt, warum die Übungen, die am Abend unmittelbar vor dem Einschlafen gemacht werden, eine besonders nachhaltige Wirkung haben. Die »Organe«, die im Zitat genannt sind, werden in »Geheimwissenschaft im Umriß« und besonders ausführlich in »Wie erlangt man Erkenntnisse der höheren Welten?« beschrieben. Steiner schildert dort, wie sie im Astralleib durch inneres Üben hervorwachsen und sich schrittweise entwickeln, bis sie mit der Zeit eine solche Form und Reife erreichen, daß sie reale übersinnliche Eindrücke vermitteln können.

Sie werden unseren physischen Sinnesorganen in gewisser Hinsicht gleichwertig, unterscheiden sich aber von diesen, indem sie uns nicht als Geschenk der Natur zukommen, sondern im höchsten Grade erarbeitet werden müssen.

Im Kapitel »Denken – Fühlen – Wollen« werden wir auf diese Organe zurückkommen und einige Hinweise geben, wie deren Entwicklung gefördert werden kann. Hier soll vorläufig nur eine, aber entscheidende Tatsache hervorgehoben werden. Sehr wichtig für den anthroposophischen Übungsweg sind die sechs Nebenübungen, die im nächsten Kapitel beschrieben werden. Sie bewirken besonders die Stärkung der moralischen Eigenschaften. Will man die übersinnlichen Wahrnehmungsorgane auf eine gesunde Weise entwickeln, werden nicht nur Meditationsübungen gefordert, sondern auch die Einhaltung gewisser grundlegender Lebensgewohnheiten.

In »Wie erlangt man Erkenntnisse der höheren Welten?« steht ein oft zitierter Satz, der folgendermaßen lautet:

»Wenn du einen Schritt vorwärts zu machen versuchst in der Erkenntnis geheimer Wahrheiten, so mache zugleich drei vorwärts in der Vervollkommnung deines Charakters zum Guten.«

Die Formulierung mag erstaunlich scheinen. Aber eine geistige Entwicklung, die nicht auf gediegener moralischer Schulung beruht, kann tatsächlich äußerst negative Konsequenzen mit sich bringen, nicht nur für den Übenden selber, sondern auch für die Menschen in seiner Umgebung.

Warum dies so ist, soll im folgenden dargestellt werden.

Das moralische Üben

Die inneren Kräfte, die zur Entwicklung der übersinnlichen Wahrnehmungsorgane aufgeboten werden, sind in keiner Weise etwas »Geheimes« oder »Mystisches«. Sie sind uns allen wohl bekannt. Es handelt sich um ganz natürliche Seelenfähigkeiten, deren wir uns im täglichen Leben ständig bedienen. Wer eine innere Schulung anstrebt, hat die Aufgabe, diese Fähigkeiten zu steigern und sie zu dauernden Eigenschaften und Lebensgewohnheiten zu machen.

Die sechs Nebenübungen

Es gibt sechs Qualitäten, die von Steiner als besonders wesentlich für den übenden Menschen beschrieben werden. Man kann sie mit verschiedenen Namen benennen. Hier werden folgende Bezeichnungen verwendet:
- Gedankenkontrolle
- Willenskontrolle
- Gelassenheit
- Positivität
- Unbefangenheit
- Inneres Gleichgewicht

Die Gründe, warum gerade diese Eigenschaften so wichtig sind, und die Wirkungen, die durch ihre Entfaltung und Steigerung eintreten können, werden im Laufe der folgenden Darstellung nach und nach zum Vorschein kommen. Hier möchte ich zuerst die sechs Nebenübungen schildern. Sie werden Nebenübungen genannt, weil sie zusätzlich zum meditativen Üben gemacht werden.

Diese Übungen sind im Buche »Wie erlangt man Erkenntnisse der höheren Welten?« und – wesentlich ausführlicher – in »Geheimwissenschaft im Umriß« beschrieben. Eine besonders detaillierte Schilderung mit zahlreichen wichtigen Anweisungen, die in keiner anderen Publikation erschienen sind, findet man in einem Aufsatz, den Rudolf Steiner im Oktober 1906 für Menschen niederschrieb, die eine spezielle, intensive Schulung durchmachen wollten.* Einleitend wird betont, daß alle Meditationen und sonstigen inneren Übungen wertlos, ja in einer gewissen Beziehung sogar schädlich werden, wenn das Leben sich nicht im Sinne der Bedingungen der »Nebenübungen« regelt. Der Aufsatz enthält die Anweisung, daß jede Übung Tag für Tag, mindestens einen Monat hindurch, gemacht werden kann, um danach während der nächsten fünf Monate die anderen Übungen zusätzlich zu begleiten. In dem Buch »Geheimwissenschaft im Umriß«, das später geschrieben wurde und im Dezember 1909 herauskam, wird nur betont, daß die Übungen einzeln zu betreiben seien, und daß der Übende die Länge der verschiedenen Übungsperioden selber bestimmen könne. Die Empfehlungen können wohl so gedeutet werden, daß der, welcher intensiver üben möchte und kann, in erster Linie den Anweisungen von 1906 folgen soll.

Das Übungsschema, das sich über sechs Monate ausdehnt, sieht folgendermaßen aus:

Erster Monat: Übung 1
Zweiter Monat: Übung 2 begleitet von Übung 1
Dritter Monat: Übung 3 begleitet von den Übungen 1 und 2
                   ... und so fort.

Wer nicht so intensiv üben möchte, kann seine innere Arbeit nach den Empfehlungen in »Geheimwissenschaft im Umriß« gestalten.

Gedankenkontrolle

Es ist oben angedeutet worden, wie wichtig es für denjenigen ist, der das Meditieren lernen will, sich die Fähigkeit der Gedankenkontrolle anzueignen.

Solange unser Gedankenleben ein lebhafter Tummelplatz ist, von dem wir nicht einmal während kurzer Zeitspannen Erinnerungen und Eindrücke der Außenwelt fernhalten können, kann die latent in unserem Innern vorhandene geistige Kraft nicht zur Entwicklung kommen.

---

* (Allgemeine Anforderungen, die ein jeder an sich selbst stellen muß, der eine okkulte Entwicklung durchmachen will. In: GA 245)

Es ist äußerst schwierig, sich längere Zeit auf etwas Bestimmtes zu konzentrieren. Verfolgen wir einmal ein alltägliches Gespräch oder die Überlegungen, die wir während eines Spazierganges anstellen, so wird uns deutlich, daß unsere Gedanken in der Regel von einem auf das andere Thema überspringen.

Wenn wir Konzentrationsübungen machen, ist es ratsam, diese an ganz einfachen Gegenständen zu beginnen. So kann zum Beispiel geübt werden, fünf Minuten lang das Bewußtsein ganz auf ein einziges, leicht faßbares Objekt zu konzentrieren, vielleicht auf einen Löffel, einen Stuhl, einen Bleistift oder ähnliches. Wichtig ist vor allem, daß der Gegenstand an sich ziemlich uninteressant ist. Dabei kann man sich die Herstellung des betreffenden Objektes vorstellen. (Wer eine Messerklinge als Meditationsobjekt wählt und etwas weiß über die Arbeit in den Minen und in der Stahlindustrie, kann dementsprechend gedanklich den ganzen Herstellungsprozeß bis zum fertigen Produkt innerlich verfolgen. Die ganze Zeit behält er aber die Messerklinge im Bewußtsein.)

Wie man auch die Übung macht, es dürfen sich während der ganzen Zeit keine unzulässigen Gedanken einschleichen. »Unzulässig« ist im oben genannten Beispiel alles, was nichts mit der Messerklinge zu tun hat.

Es ist äußert schwierig, dies zu tun und eine solche Übung konsequent durchzuführen. Tatsächlich: wenn man sich hinsetzt und versucht, seine Gedanken zu sammeln, fangen sie meist schnell an, sich selbständig zu machen und sich um alles mögliche andere zu drehen.

Angesichts dieser Phänomene sollte man sich einmal ernsthaft klarmachen, wie das moderne Leben doch in hohem Maße auf die Fähigkeit eines konzentrierten Denkens angewiesen ist: ohne ein solches Denken ist es nicht möglich – beispielsweise –, eine Industrieanlage zu planen, eine neue Maschine zu konstruieren oder eine wissenschaftliche Abhandlung zu schreiben.

Die angeführten Beispiele zeigen aber, worum es hier eigentlich geht: Sehr oft wird der Mensch aus Rücksicht auf ökonomische Forderungen, durch technische Prozesse, systematische Beobachtungen, Serien von Experimenten usw. – nicht zuletzt auch aus Karrieregründen – im äußeren Leben zu stundenlangem konzentrierten Nachdenken *gezwungen*.

Bei einer Meditations- oder Konzentrationsübung jedoch löst die Außenwelt für einige Zeit ihren umklammernden Griff. Wir stehen dann da als diejenigen, die wir wirklich sind. Dabei zeigt sich auch in der Regel, daß unsere Seelenkräfte viel schwächer sind, als wir vermutet hatten. Wer meint, daß er ein gutes Konzentrationsvermögen hat, kann sich ja einmal selber testen. Möglicherweise erlebt er eine Überraschung.

Willenskontrolle

Das Geheimnis der wirklich willensstarken Menschen liegt in ihrer außerordentlichen Ausdauer. Sie geben nicht auf. Der Weg zur Beherrschung des Willens führt über bewußtes, sich immer wiederholendes Üben.

Die Empfehlungen Steiners, sowohl in der Geheimwissenschaft als auch im Aufsatz von 1906 können im Hinblick auf diese Tatsachen überraschend wirken. Die dort geschilderte Übung erscheint zuerst ziemlich leicht. Sie besteht darin, täglich zur gleichen Zeit eine kleine Handlung auszuführen. Diese soll nicht durch äußere Umstände bedingt sein, sondern aus eigener, bewußter Initiative hervorgehen. Man kann beispielsweise das Wetter beobachten und die Beobachtung niederschreiben, in einem bestimmten Buche einen Abschnitt lesen, eine zu diesem Zweck gekaufte Pflanze mit Wasser begießen oder ähnliches. Die Übung ist natürlich ins Unendliche variierbar. Es soll also nichts unternommen werden, was man ohnehin getan hätte; die Handlung sollte vielmehr ganz außerhalb des normalen Tagesablaufes liegen.

Mit der Zeit kann man eine zweite oder auch mehrere Handlungen hinzufügen, insofern man die Gewißheit hat, dieser Aufgabe gewachsen zu sein. Das Wichtigste ist, die Übung zu einem festgelegten, immer gleichen Zeitpunkt durchzuführen und sie nicht zu vergessen. Eine solche pünktlich durchgeführte Bewußtseinsübung ist für sehr beschäftigte Menschen – und beschäftigt sind wir ja alle – nicht so leicht durchzuhalten, wie man vielleicht glauben könnte.

Man könnte hier einwenden, daß regelmäßig ausgeführte Meditationen an sich schon Willensübungen darstellen. Aber gerade wenn die Meditation zu einem selbstverständlichen Einschlag im Tagesprogramm geworden ist, kann sie für das hier gemeinte spezielle Üben nicht in Frage kommen. Diese Nebenübungen bedeuten eben, dem Alltagsrhythmus während einer bestimmten Zeit Aktivitäten, die man sonst nicht betreibt, hinzuzufügen. Durch solche Übungen bekommt der Mensch nach und nach seine Willenskraft unter Kontrolle.

Man lernt, den sich selber gegebenen Befehlen strikte Folge zu leisten. Die Erwerbung dieser Fähigkeiten darf selbstverständlich nicht das Bedürfnis auslösen, über andere Menschen zu bestimmen. Sie wird sich in der Regel in sehr ruhiger Weise äußern. Hat man beispielsweise die Gewohnheit, am Morgen ein wenig zu lange im Bett zu bleiben, obwohl man eigentlich aufstehen wollte, so bietet sich täglich eine großartige Gelegenheit, Willenskontrolle zu üben – indem man nämlich sich selber den Befehl gibt, gleich aufzustehen und das auch wirklich sofort tut.

Gelassenheit

Soll das Gefühlsleben durch die innere Schulung zu einer Hilfe werden, statt immer wieder ein Hindernis zu sein, muß dieser Bereich durch ganz bestimmte Übungen beeinflußt werden. Die Gefühle, die wir gegenüber den Vorgängen in unserer Umgebung empfinden, beziehen sich oft mehr auf uns selber als auf die Geschehnisse. Wer beispielsweise die Aufgabe bekommt, die erste Begegnung mit einem anderen Menschen zu schildern, wird feststellen, daß es viel einfacher ist, sich an die eigene Reaktion zu erinnern, als an die Kleidung, das Aussehen oder die Ausdrucksweise der betreffenden Person. Wir begnügen uns oft damit, unsere eigenen Empfindungen zu registrieren:

»Er schien mir besonders sympathisch« oder »Vom ersten Augenblick an konnte ich ihn nicht leiden«.

Es fällt auch auf, in welchem Maße wir unsere eigenen Gefühle nach der Einstellung des anderen Menschen hin orientieren. Hat uns jemand gern, mögen wir ihn auch und umgekehrt.

In der Hektik einer Großstadt oder im anstrengenden Berufsleben kommt es nicht selten vor, daß der gereizte Tonfall oder eine entsprechende Gebärde, die auf eine Überbeanspruchung oder schlechte Laune zurückzuführen sind, als Zeichen von Antipathie aufgefaßt werden. Aus dieser zwar nur vermuteten, negativen Haltung kann sehr leicht eine Mißstimmung entstehen, welche die Beziehung der Menschen untereinander belastet.

Solche Gegensätze und Konflikte entstehen natürlich leicht bei Menschen, die sowieso schon eine Antipathie gegeneinander haben. Dies führt dann oft dazu, daß sie schon gar nicht mehr die Bereitschaft haben, einander anzuhören:

»Ich weiß ja schon im voraus, was er sagen wird, und ich weiß auch, daß es nicht stimmt.«

Wenn man nicht seine eigenen Gefühle, seine Sympathie und Antipathie zurückstellt, ist es äußerst schwierig, andere Menschen nach ihrem eigenen Wert verstehen und beurteilen zu lernen. Für eine innere Schulung ist es aber von großer Bedeutung, diese Fähigkeit zu besitzen.

Das Ziel, das erreicht werden soll, ist ein Gefühlsleben, das nicht nur die persönlichen Empfindungen differenziert, sondern auch ein vertieftes Verständnis für die Vorgänge in der Umgebung zu zeigen vermag.

Lust und Unlust, Freude und Schmerz können in »Erkenntnisorgane« – wie Steiner es ausdrückt – gewandelt werden, die uns nicht von der Umwelt abschirmen, sondern uns im Gegenteil für deren Bedürfnisse öffnen. Der erste Schritt in diese Richtung besteht darin, seine Gefühlsäußerungen beherrschen zu lernen.

Wohlgemerkt: dies bedeutet nicht ein Bestreben, den Schmerz nach einem traurigen Ereignis, die Freude nach einer guten Nachricht, den Zorn wegen einer gemeinen Handlung oder die Vorsicht bei einer drohenden Gefahr bewußt zu unterdrücken.

Es geht nicht um die Überwindung der Gefühle, sondern um die Kontrolle über unwillkürliche Gefühlsäußerungen. Ungestüme Ausbrüche von Zorn, Furcht, Schmerz sollten bewußt vermieden werden. Solche Affekte treten meist mit unvermittelter Heftigkeit auf, deshalb bedarf es für diese Übung großer innerer Wachsamkeit.

Für Menschen, die rasch von intensiven Emotionen erfaßt werden, kann es sehr schwierig, wenn nicht gar unmöglich sein, diese Übung durchzuführen. Trotzdem oder gerade deshalb ist sie so wichtig. Natürlich bedarf sie eines gewissen Taktgefühls des Übenden. Wenn man jemanden trifft, den man lange nicht mehr gesehen hat, ist es natürlich nicht der richtige Moment, sein Freudeempfinden zu verbergen. In vielen Fällen wird mit Recht von uns erwartet, daß wir Gefühle zeigen. Treffen wir aber mit Menschen zusammen, die uns Gefühle der Gereiztheit oder Antipathie entgegenbringen, kann das Verhalten im Sinne dieser Übung hingegen sehr befugt sein. In anderen Zusammenhängen schildert Steiner einige Übungen, die sich mit der

Umwandlung des sozialen Verhaltens befassen. Diese stehen nicht in direktem Zusammenhang mit den sechs Nebenübungen. Sie wollen nicht nur das Gefühlsleben schulen, sondern ganz bestimmte antisoziale Regungen – Antipathie, Hochmut oder ähnliches – ausgleichen. Wir werden später eine genauere Beschreibung davon geben.

Einwände

Beschreibt man in Kursen und Vorträgen die sechs Nebenübungen, werden von den Zuhörern immer wieder Einwände erhoben. Die Übungen zur Kontrolle der Gedanken und des Willens werden meistens akzeptiert. Anders ist es aber, wenn die Schulung des Gefühlslebens besprochen wird. Da gibt es zahlreiche und manchmal auch sehr temperamentvolle Erwiderungen.

Aus der modernen Psychoanalyse ist bekannt, daß verdrängte Gefühle und Gefühlsäußerungen zu seelischen Störungen oder gar Schäden, besonders bei Kindern, führen können. Das stimmt natürlich. Die oben beschriebene Übung ist aber auch nicht für Jugendliche oder gar Kinder gedacht. Es wäre überhaupt unnatürlich, Minderjährige zu einer Geistesschulung zu veranlassen. Die Reife und Willenskraft, die notwendig ist für ein bewußtes inneres Üben, zeigt sich normalerweise nicht vor dem 18. bis 19. Lebensjahr, meistens sogar noch später. Hingegen ist nichts dagegen einzuwenden, wenn ein Erwachsener aus freiem Willen versucht, seine Gefühlsäußerungen unter Kontrolle zu bekommen. Wir tun das ja auch, um das Zusammenleben mit unseren Mitmenschen harmonisch zu gestalten. Führt übertriebene Selbstkontrolle zu Verdrängungen, ist das gewöhnlich die Folge von äußerem Zwang oder »seelischer Gewaltanwendung«.

Es muß darauf hingewiesen werden, daß es ein großer Unterschied ist, ob Beherrschung von außen aufgezwungen wird, oder ob der Mensch sich diese selber auferlegt. Lebt man in einer Umgebung, in der man sich ständig beherrschen und seinen Ärger über andauernde Beleidigungen herunterschlucken muß, kann dies erwiesenermaßen sowohl bei Kindern als auch bei Erwachsenen zu schweren psychischen und physischen Störungen führen. Die Beherrschung, die man freiwillig auf sich nimmt, wird in der Regel anders erlebt. Sie führt eigenartigerweise nicht dazu, die Persönlichkeit zu schwächen; diese wird im Gegenteil auf eine gesunde Art gestärkt.

In diesem Zusammenhang gilt es, einen wichtigen Punkt zu beachten. Wer die dritte Nebenübung durchführen will, soll nicht nur lernen, sich zu beherrschen. Das eigentliche Ziel ist vielmehr, das innere Gleichgewicht herzustellen.

Ein Mensch, der immer schweigt und seine Emotionen zurückdrängt, ist nicht harmonisch. Außerdem trägt er dazu bei, die Menschen, die ihn unterdrücken, in ihrer asozialen Haltung *zu fördern*. Die einzig sinnvolle Reaktion liegt hier darin, die Furcht zu überwinden und bei Gelegenheit auf besonnene, aber energische Weise seine Meinung zu sagen, so daß der andere daran zu seinem Vorteil aufwachen kann.

Eine Umwandlung des Gefühlslebens anzustreben bedeutet also nicht unbedingt, ein »gedämpftes« Verhalten zu pflegen. Die Aufgabe ist ja, Qualitäten herauszuarbeiten, für die man nicht von Geburt her veranlagt war. In »Geheimwissenschaft im Umriß« wird aufgezeigt, daß gerade diejenigen Eigenschaften, die man sich durch Selbsterziehung angeeignet hat, für eine geistige Schulung besonders fruchtbar sein können.

Wer auf Grund gemachter Erfahrungen dazu neigt, schnell gereizt zu sein, sollte versuchen, Gleichmut zu bewahren.

Ein vom Temperament her phlegmatischer Mensch sollte sich zum Gegenteil aktivieren, damit seine innere Haltung den Ereignissen, denen er gegenübertritt, angemessen ist.

Vielleicht wird hier der Einwand erhoben, ein solches Üben führe zu einem Mangel an Spontaneität. So ist es aber nicht. Wer bei gewissen Anlässen schnell explodiert, sollte einmal darauf verzichten – und er wird vielleicht beobachten, daß derjenige, der den Ausbruch erwartete oder provozierte, sich bald von seiner besten Seite zeigt.

Wenn ein unterdrückter und ängstlicher Mensch seine Unsicherheit überwindet und in einer Situation, die dies erfordert, klar seine Meinung äußert, kann er eine ähnliche Erfahrung machen. Die Mitmenschen reagieren darauf oft sehr positiv. Auch wenn die innere Überwindung nur ihm selber bewußt ist, trägt sie doch gute Früchte durch das gesteigerte Selbstvertrauen und durch die verbesserte Fähigkeit, die Menschen zu verstehen und mit ihnen auszukommen.

Wenn die dritte Nebenübung auf richtige Art durchgeführt wird, bewirkt sie auf längere Sicht, daß die Gefühle nicht geschwächt, sondern tiefer und reicher werden. Sie geben mehr und mehr Raum für die Freuden und Schmerzen, die von anderen Menschen erlebt werden, statt nur für die eigenen. Das Gefühlsleben ist dann nicht ein Vorhang, der uns von der Umgebung abschirmt, sondern ein Fenster, das sich der Welt öffnet.

Positivität

In den heutigen Schulen und Lehranstalten wird großes Gewicht darauf gelegt, die Fähigkeit des Kritisierens auszubilden. Das wird noch unterstützt durch unsere moderne Lebensart. Die Kunst, Fehler bei anderen zu finden und jeden und alles zu kritisieren, ist heute schon bei Kindern und auf jeden Fall bei Erwachsenen sehr gut entwickelt.

Selbstverständlich ist ein kritisches Urteilsvermögen unerläßlich, wenn zwischen Wahrheit und Unwahrheit im Strome von Informationen, Werbeangeboten, Propagandadarstellungen und anderen Kundgebungen, womit die moderne Industriegesellschaft uns ständig überschüttet, unterschieden werden soll. Übersteigert sich aber das Kritisieren, geschieht dies fast immer auf Kosten anderer Fähigkeiten und führt zu Störungen im sozialen Leben.

Die vierte Nebenübung hat zum Ziel, über einen gewissen Zeitraum hin das Gute, Wertvolle und Positive in allen Ereignissen des täglichen Lebens aufzuspüren. Bei Menschen, die einem lästig sind, heftet sich der Blick zunächst mit größter Einseitigkeit auf deren Schwächen und Fehler. Vielleicht wird eine Begegnung vermieden. Dieses Verhalten führt aber in eine Sackgasse. Unrealistische Vorstellungen können sich unmerklich bilden und in falscher Richtung immer mächtiger werden, weil sie nicht mehr die Korrektur erhalten, die ihnen durch die Begegnung mit der Wirklichkeit zuteil würde.

Das Ziel, eine negative Einstellung gegenüber einem Mitmenschen zu überwinden, kann es erforderlich machen, jede Gelegenheit wahrzunehmen, diesem Menschen zu begegnen. Eine gute Vorbereitung dafür ist, sich immer und immer wieder die guten Seiten des Betreffenden vor Augen zu führen. Bei genauem Nachdenken lassen sich bei jedem Menschen solche Qualitäten finden. Meistens wird sogar deutlich, daß die wertvollen Eigenschaften eigentlich überwiegen. Besonders wichtig ist es, sich die Gestalt des Betreffenden ganz intensiv mit möglichst vielen Einzelheiten vor das innere Auge zu führen. Wie oft haben Menschen, die das Christentum ernst nehmen, sich die Gewohnheit angeeignet, für ihre Feinde zu beten. Aufmerksam und positiv an Menschen zu denken, mit denen man es zu tun hat, oder an solche, die einem lästig sind – das kann jeder üben.

Die Befürchtung, daß die Fähigkeit des kritischen Denkens durch ein solches Üben geschwächt werden könne, ist unbegründet. Schwarz wird nicht weiß, wenn die hellen Nuancen in einem Bild wahrgenommen werden. Dadurch wird aber die Erkenntnis gewonnen, wie das Bild tatsächlich aussieht.

Unbefangenheit

Die negative Haltung gegenüber anderen Menschen ist nicht selten verbunden mit dem unnachgiebigen Beharren auf einem einmal gefaßten Vorurteil. Ist erst einmal über einen Menschen eine kritische Äußerung gefallen, wird diese Meinung nicht gerne revidiert. Statt dessen wird häufig mehr oder weniger bewußt versucht, noch mehr Fehler zu finden und deren Vorhandensein anderen Menschen nachzuweisen. Schließlich werden nur noch Fehler und Mängel gesehen. Ist einmal ein Urteil gefallen, so hat es eine fast magische Wirkung – vor allem auf die Person, die es ausgesprochen hat, aber auch auf andere Menschen. Es kann uns blind und verständnislos machen für die Realitäten, die mit dem Gesagten gar nicht übereinstimmen.

Es gibt wohl kein Lebensgebiet, auf dem dies so deutlich wird wie auf dem Felde der Politik. Unbefangenes Urteilen, voraussetzungsloses Denken, das sind Ideale, die für viele Menschen der heutigen Zeit als kaum faßbar dastehen.

Das Bedürfnis, auf einem schon gefaßten Standpunkt zu beharren, ist nur einer der Gründe, weshalb das so ist. Aber es gibt noch viele andere Faktoren, die dazu beitragen, uns von der Wirklichkeit abzuschirmen. Das Arbeitstempo, der Verkehr, die Massenmedien, die ganze heutige Lebensart sind so aufregend und so ermüdend, daß wir nur selten die Kraft aufbringen, neue Erfahrungen und neue Ideen anzunehmen und zu verarbeiten.

Den Menschen, die mitten in der Turbulenz des heutigen Daseins sich vorgenommen haben, ein bestimmtes Arbeitsziel zu erreichen, fällt es oft besonders schwer, einem anderen Menschen zuzuhören und dessen Lebensprobleme in sich aufzunehmen. Sie wollen sich auf die Aufgaben, mit denen sie beschäftigt sind, völlig konzentrieren.

Wirklich »offen« zu sein, ist in unserer Zeit aus allen diesen Gründen sehr schwierig. Wer eine konsequente geistige Schulung durchführen will, braucht aber eben diese Eigenschaft. Er sollte stets bereit sein, neue Erfahrungen zu machen und seine bisherigen Meinungen zu überprüfen.

Um nicht immer wieder gezwungen zu werden, schon gemachte Aussagen zu modifizieren oder zurückzunehmen, muß er schrittweise lernen, genau zu beobachten und besonnen zu urteilen. Bei der fünften Übung versucht man während einiger Zeit der Welt mit offenen Sinnen und vorurteilsfreiem Denken zu begegnen. Der Übende sollte sich von jedem Ding und von jedem Wesen, denen er begegnet, etwas Neues sagen lassen, etwas, das er bis dahin nicht erfahren hat.

»Von jedem Luftzug, von jedem Baumblatt, von jeglichem Lallen eines Kindes kann man lernen, wenn man bereit ist, einen Gesichtspunkt in Anwendung zu bringen, den man bisher nicht in Anwendung gebracht hat« (»Geheimwissenschaft im Umriß«).

Wer mit einer solchen Übung anfängt, braucht natürlich nicht seine bis zu diesem Tage schon gemachten Erfahrungen oder seine auf andere Weise errungenen Kenntnisse zu vergessen oder abzulegen. Seine Erfahrungen können ihm sogar eine große Hilfe werden.

Ein Mensch, der auf irgendeinem Gebiet bereits zahlreiche Beobachtungen und Untersuchungen angestellt hat, wird gute Voraussetzungen haben, neu hinzukommende Tatsachen einzuordnen und dabei festzustellen, daß sie wirklich neu sind. Er muß nur aufpassen, daß er nicht zu der Ansicht gelangt, er könne nichts mehr lernen!

Hier liegt eigentlich der Kern der Sache. Wirklich »offen« zu sein, bedeutet im Grunde genommen, immer entwicklungsfähig zu bleiben.

Der Leser dieser Zeilen wird sich vielleicht fragen, bis zu welchem Grad die Anthroposophie so umgesetzt werden kann, daß sie wirklich gelebt wird. Sicher wird es Menschen geben, die sich Anthroposophen nennen und die dennoch dogmatisch oder in ihrer inneren Haltung abgeschlossen erscheinen. Zuweilen wird die Anthroposophie nicht nur von ihren Gegnern, sondern manchmal auch von ihren Anhängern und Fürsprechern als ein fertig erstelltes Lehrgebäude betrachtet, das von

Rudolf Steiner für alle Zeiten errichtet wurde. Diese Einstellung beruht jedoch auf einem Mißverständnis.

Die anthroposophische Literatur ist keine Sammlung von Dogmen, sondern stellt eine Fülle von Arbeitsmaterial dar, noch nicht fertig, noch nicht vollendet, unvollkommen wie auch andere Menschenwerke. Vertieft man sich ernsthaft in die Anthroposophie, wird man nicht selten von Zweifeln erfaßt; aber sie läßt niemals gleichgültig. Vielmehr stellt sich das Bedürfnis ein, mehr zu erfahren.

Ich kenne selber eine Anzahl von Menschen, die den anthroposophischen Übungsweg gegangen sind und bis ins hohe Alter mit dessen Hilfe gelehrig, undogmatisch, offen für Einwände und Zweifel, wandelbar und damit entwicklungsfähig geblieben sind. Sie sind für mich konkrete Beispiele dafür, daß die Anthroposophie nicht ein einmal erstelltes Gebäude, sondern ein lebendiger Impuls ist.

Inneres Gleichgewicht

Die sechste Übung soll die vorhergehenden zusammenfassen. Systematisch, abwechslungsweise und regelmäßig sollen alle Übungen immer wieder durchgeführt werden. Es soll dabei versucht werden, die verschiedenen Eigenschaften, die durch das Üben aufgebaut worden sind, in einen harmonischen Einklang zu bringen. Dabei kann besonderes Gewicht auf die Eigenschaften gelegt werden, die man am wenigsten ausgebildet hat. Hat der Übende das innere Gleichgewicht erlangt, zeigt sich dies durch ausgeglichene Lebensführung, gesteigerte Ruhe und ein gestärktes Selbstvertrauen. Die Umwandlung kann sich – nach einer Angabe Steiners – bis ins Physische ausdrücken, z. B. durch die Körperhaltung und den Gang. Sogar in der Handschrift können sich Veränderungen bemerkbar machen.

Einige praktische Erfahrungen

Beim Versuch, die sechs Übungen in der oben angegebenen Reihenfolge durchzuführen, wird man bald einen gewissen Rhythmus darin finden. Die hier angeführten Erfahrungen dürften charakteristisch sein für das, was allgemein beim Praktizieren dieser Nebenübungen erlebt wird.

Eine vollständige Gedankenkonzentration zu erreichen ist sehr schwierig. Die Willenskontrolle ist etwas einfacher. Viel inneren Einsatz fordern auch die dritte und die vierte Übung, die beide im höchsten Grade mit dem Gefühlsleben zu tun haben. Die Ergebnisse, die man da erreicht, sind entscheidend für die fünfte und sechste Übung. Nur wer in gewissem Grade gelassen und positiv eingestellt ist, kann die oben geschilderte Form von Offenheit und ein verbessertes inneres Gleichgewicht entwickeln.

Der Zusammenhang, der diesen Übungen zugrunde liegt, kann durch ein einfaches Bild veranschaulicht werden. Eine umnebelte Landschaft wird weithin sichtbar, wenn die Wolken sich auflösen und die Sonne hindurchbricht. Ähnlich ist es mit uns. Wenn die Emotionen, die uns von der Umwelt abschirmen, gleichsam durchlichtet werden, öffnen wir uns für Menschen und geistige Kräfte in der Umgebung. Diese Fähigkeit ist die »Unbefangenheit«, d. h. die Eigenschaft, in die alle Übungen hineinmünden. Die sechste Übung bedeutet ja nur, daß die anderen in Übereinstimmung und Harmonie miteinander gebracht werden, ungefähr so, wie man die Saiten einer Violine stimmt.

Jede der fünf Nebenübungen kann begleitet und verstärkt werden durch die zielbewußte Anstrengung, sich gedanklich in die erreichten Ergebnisse hineinzuarbeiten und sie im Innern zu festigen. Auf meditativem Weg werden auf diese Weise ganz bestimmte »Bewegungen« und Strömungen herausgearbeitet, die in einem bestimmten Verhältnis zu den verschiedenen Teilen des Körpers stehen. Dadurch wird allmählich eine Offenheit (Unbefangenheit) erreicht, die uns die Umgebung wie einen Teil von uns selber erleben läßt.

Verwandte Übungen

Es gibt eine Reihe von Übungen, die deutlich verwandt sind mit einigen der sechs Nebenübungen. Rudolf Steiner hat sie in ganz anderem Zusammenhang beschrieben. Einige von ihnen scheinen mir jedoch so wichtig, daß ich sie hier wiedergeben möchte. In dem Vortrag »Nervosität und Ichheit« (11. 1. 1912, GA 143) sind verschiedene Anweisungen enthalten für einige fruchtbare Willensübungen.

Dieser Vortrag ist heute von höchster Aktualität. Die Schilderungen von nervösen Symptomen und wie ihnen durch Übungen beizukommen ist, haben heute mehr Gültigkeit als bei der ersten Ausgabe des Vortrages.

Zur Stärkung des Willens kann beispielsweise versucht werden, die eigene Handschrift zu ändern. Man braucht nicht zu warten, bis sich die Willensstärke als Resultat der sechsten Übung unvermittelt einstellt, sondern man kann versuchen, sich diese auf ganz bewußte Weise anzueignen.

Die Aufgabe besteht darin, während einer gewissen Zeit die Buchstaben nicht nur zu schreiben, sondern sie zu »malen«, um dadurch eine Veränderung der Handschrift zu erreichen. Um Erfolg zu haben, wird man eine lange Zeit hindurch täglich etwa eine Viertel- oder halbe Stunde üben müssen.

Eine andere Übung zur Stärkung der Willenskraft ist die Überwindung irgendeiner angenehmen, aber keineswegs lebenswichtigen oder sogar schädlichen Gewohnheit. Man kann z. B. energisch den Genuß von Süßigkeiten, Kaffee, Zigaretten usw. reduzieren – oder ganz darauf verzichten. Es gibt natürlich auch eine Reihe anderer persönlicher Neigungen oder Bedürfnisse, denen man in entsprechender Weise entgegenwirken kann. Diese Übung darf aber absolut nicht in irgendeine Form von Askese ausarten. Früher versuchten Menschen, die ihre Begierden besiegen und sich den Weg bahnen wollten für übersinnliche Erlebnisse, ihren physischen Körper durch schwere Kasteiungen zu beeinflussen. Sie taten gewissermaßen etwas zur »Abtötung« des physischen Leibes, um dadurch andere Kräfte in sich zu erwecken. Dies ist in früherer Zeit und bis heute in Indien vorgekommen, ebenso auch in Europa während des Mittelalters.

Die Methode, die von Steiner empfohlen wird, will nicht den Körper schwächen, sondern die Seele stärken. Dies wird möglich, wenn der Mensch sich daran gewöhnt, seinen eigenen Befehlen streng zu gehorchen. Dann wird er allmählich ganz von selbst Wesenloses nicht mehr begehren.

Oft sind die Anweisungen, die Steiner gibt, gar nicht so einfach zu befolgen:

»Die besten Übungen (für das Gefühlsleben) kann man an Menschen machen, vor denen man einen Abscheu hat. Man unterdrücke mit aller Gewalt diesen Abscheu und lasse alles unbefangen auf sich wirken, was sie tun« (Rudolf Steiner, »Theosophie«).

Eine andere verwandte Übung, die in »Wie erlangt man Erkenntnisse der höheren Welten?« beschrieben wird, ist die folgende:

Man kann sich vornehmen, geduldig Ausführungen anzuhören, die man als unbegründet betrachtet, ohne Einwände zu erheben und sogar ohne im Innern irgendeine Art Kritik zu erleben.

»Der Übende muß sich z. B. die Aussprüche von Menschen anhören, die in irgendeiner Beziehung weit unter ihm stehen und muß dabei jedes Gefühl des Besserwissens oder der Überheblichkeit unterdrücken.«

Wer sich bemüht, eine solche innere Haltung einzunehmen, wird und braucht sich deswegen selbstverständlich nichts Unwahres vorzumachen. Sein Urteilsvermögen wird nicht geschwächt. Im Gegenteil. Es vertieft sich. Denn Übungen dieser Art können eine ähnliche Auswirkung haben wie die sechs Nebenübungen, nämlich das Innerste des Menschen für seine Umgebung zu öffnen.

»Wenn er sich so übt, kritiklos zuzuhören, auch dann, wenn die völlig entgegengesetzte Meinung vorgebracht wird, wenn das Verkehrteste sich vor ihm abspielt, dann lernt er nach und nach mit dem Wesen eines anderen vollständig zu verschmelzen, ganz in dasselbe aufzugehen.«

Die innere Welt des Jacques Lusseyrans

Es ist vielleicht zunächst nicht so deutlich, daß Moral und übersinnliches Schauen miteinander in tiefer Beziehung stehen. Die Selbstbiographie von Jacques Lusseyran (»Das wiedergefundene Licht«, Stuttgart 1966) läßt zu ganz neuen Einsichten gelangen.

Jacques Lusseyran war im 8. Lebensjahr durch einen Unfall erblindet. Wenige Wochen später begann er eine Reihe Phänomene wahrzunehmen, die ihn fortan sein ganzes Leben begleiteten. »Ich sah, wie von einer Stelle, die ich nicht kannte und die ebensogut außerhalb meiner wie in mir liegen mochte, eine Ausstrahlung ausging, oder genauer: ein Licht ... Ich entdeckte das Licht und die Freude im selben Augenblick, und ohne Bedenken kann ich sagen, daß sich Licht und Freude in meinem Erleben seither niemals voneinander getrennt haben ... Ich konnte fühlen, wie es heraufkam, sich ausbreitete, auf den Dingen ruhte, ihnen Form verlieh und zurückwich: ja zurückwich oder auch nachließ ... Die Sehenden sprechen immer von der Nacht der Blindheit, und das ist von ihrem Standpunkt aus ganz natürlich. Aber diese Nacht existiert nicht. Zu keiner Stunde meines Lebens – weder im Bewußtsein noch selbst in meinen Träumen – riß die Kontinuität des Lichtes ab ... Das Licht breitete seine Farben auf Dinge und Wesen. Mein Vater, meine Mutter, die Leute, denen ich auf der Straße begegnete oder die ich anstieß, sie alle waren in einer Weise farbig gegenwärtig, wie ich es niemals vor meiner Erblindung gesehen hatte.«

Lusseyran war sehr musikalisch, und in seiner inneren Welt erschienen ihm die Töne in ihren charakteristischen Farben.

»Im Konzert war das Orchester für mich wie ein Maler: es überschwemmte mich mit allen Farben des Prismas. Wenn das Violinsolo einsetzte, war ich oft angefüllt mit Gold und Feuer, und mit einem so hellen Rot, das ich mich nicht erinnern konnte, es je an einem wirklichen Gegenstand gesehen zu haben. Bei der Oboe erfüllte mich ein durchsichtiges Grün, das so frisch war, daß ich auf mir den Hauch der Nacht zu spüren glaubte.«

Lusseyran wollte Musiker werden und begann auf dem Cello zu üben. Er machte dabei bald eine sonderbare Erfahrung.

»Ich wurde nicht Musiker, und der Grund dafür war komisch. Kaum hatte ich einen Ton auf der A-, D-, G- oder C-Saite gebildet, hörte ich ihn schon nicht mehr. Ich betrachtete ihn. Töne, Akkorde, Melodien, Rhythmen, alles verwandelte sich sofort in Bilder, krumme und gerade Linien, Figuren, Landschaften und vor allem Farben. Wenn ich mit dem Bogen die A-Saite leer anklingen ließ, sprühte vor meinen Augen so starkes und anhaltendes Licht, daß ich im Spiel oft innehalten mußte.«

Manchmal fragte er sich, ob er nicht vielleicht das Opfer irgendeiner Form von Einbildung sei. Er versuchte bewußt, die ihm erscheinenden Lichtphänomene zu verdrängen. Was er jetzt sah, war eine Folge von Wirbeln, die sich nicht auslöschen ließen, es erschien ihm wie ein Strom von Licht.

»Beim Schreiben dieser Zeilen mache ich denselben Versuch noch einmal – mit demselben Ergebnis, nur daß mit den Jahren die ursprüngliche Quelle des Lichts noch stärker geworden ist.«

Seine besondere Veranlagung kam ihm im Leben oft zu Hilfe. Es fiel ihm äußerst leicht, sich an Gelerntes zu erinnern.

»Die Zahl fünf war stets schwarz, der Buchstabe l hellgrün, das Gefühl des Wohlwollens zartblau. Ich hatte keine Macht darüber, und wenn ich versuchte, die Farbe eines Zeichens zu ändern, verdunkelte dieses sich sogleich und verschwand.«

Weil die Buchstaben und Zahlen so lebendig vor seinem inneren Auge standen, konnte er sie so leicht im Gedächtnis behalten. Obwohl er nur Blindenschrift lesen konnte, erreichte er außerordentlich gute Resultate in der Schule und bestand in der Regel seine Examen glänzend.

Auch im äußeren Leben, sogar im verkehrsreichen Paris fand er sich mühelos zurecht, weil sich ihm alle Raumformen gewissermaßen wie auf einer inneren Reliefkarte einprägten.

»Ein Bild der physischen Welt mit ihren Richtungen und Hindernissen setzte sich in mir fest, deshalb wandten sich meine sehenden Kameraden schon in meiner Kindheit gerne an mich, wenn wir bei einem Bummel durch Paris den Weg verloren hatten ... Ich vergegenwärtigte mir dann das innere Bild und fand so gut wie sicher die Lösung.«

Verständnishalber soll hinzugefügt werden, daß Lusseyran es natürlich bevorzugte, in Begleitung durch verkehrsreiche Straßen zu gehen.

Er betonte in anderen Zusammenhängen, daß er mit der Zeit die Bilder in seinem Innern gleichsam wie auf einem »Fernsehschirm« erlebte.

Moral und außersinnliche Wahrnehmung

Lusseyran entdeckte bald, daß das Erleben der Lichtphänomene von seiner eigenen moralischen Haltung sehr stark abhängig war.

»Dennoch gab es Zeiten, in denen das Licht nachließ, ja fast verschwand. Das war immer dann der Fall, wenn ich Angst hatte.«

Fürchtete er sich vor etwas – einer Tür, einer Wand oder einem anderen Hindernis –, stieß er sich immer schmerzhaft daran.

»Dieselbe Wirkung hatten Zorn und Ungeduld, sie brachten alles in Verwirrung. Eine Minute zuvor kannte ich noch genau den Platz, den alle Gegenstände im Zimmer einnahmen, doch wenn mich der Zorn überkam, zürnten die Dinge mehr noch als ich; (der Leser möge sich daran erinnern, daß diese Zeilen Schilderungen von Kindheitserlebnissen sind) sie verkrochen sich in ganz unerwartete Winkel, verwirrten sich, kippten um, lallten wie Verrückte und blickten wild um sich. Ich aber wußte nicht mehr, worauf meine Hand legen, meinen Fuß setzen . . . «

Wenn er im Freien spazierenging, konnte er seine Umgebung nur wahrnehmen, wenn er ruhig und empfänglich dafür blieb.

»Wenn ich mich ganz in die Aufmerksamkeit vertiefte und meiner Umgebung keinen eigenen Druck entgegensetzte, dann legten sich Bäume und Felsen auf mich und drückten mir ihre Form ein, wie es Finger tun, die ihren Abdruck in Wachs hinterlassen.«

So entstand nach und nach seine »innere Reliefkarte«.

»Wenn mich beim Spiel mit meinen kleinen Kameraden plötzlich die Lust ankam, zu gewinnen, um jeden Preis als erster ans Ziel zu gelangen, dann sah ich mit einem Schlage nichts mehr. Ich wurde buchstäblich von Nebel, von Rauch umhüllt . . . Ich konnte es mir nicht mehr leisten, mißgünstig und gereizt zu sein . . . Wenn ich dagegen glücklich und friedlich war, wenn ich den Menschen Vertrauen entgegenbrachte und von ihnen Gutes dachte, dann wurde ich mit Licht belohnt.«

Während des Krieges war Lusseyran aktiv in der französischen Widerstandsbewegung tätig. Weil er als Menschenkenner galt, fiel es ihm zu, die neuen Mitarbeiter zu rekrutieren. Wer ihm ungeeignet schien, wurde abgewiesen. So kam es, daß ein blinder 15jähriger – neben seiner Ausbildung an einem angesehenen und sehr anspruchsvollen französischen Gymnasium – seine Freizeit in einem schwach beleuchteten Raum an der Boulevard Port-Royal verbrachte, um gut durchdachte Fragen an Besucher zu stellen, die nur eingelassen wurden, nachdem sie einer strengen und genauen Kontrolle unterzogen worden waren. Wer zu früh oder zu spät kam – und sei es auch nur fünf Minuten –, wurde nicht eingelassen.

»Ja, ich muß sagen, ich war überglücklich, diese Arbeit zu tun. Menschen vor mir zu haben, sie dazu zu bringen, daß sie von sich sprachen, daß sie Dinge sagten, die sie gewöhnlich nicht sagten, weil sie zu tief lagen, plötzlich in ihrer Stimme jenen so unnachahmlichen Klang, den Klang des Vertrauens zu hören – das erfüllte mich mit einer Gewißheit, die einer Liebe nahekam. Das zog um mich einen Kreis magischen Schutzes: mir würde kein Leid zustoßen. Das Licht, das in mir entstand, war so stark, daß es in Freude überging. Ich war unverwundbar geworden. Ich war dann auch unfehlbar geworden, oder fast unfehlbar.«

Im Laufe der Zeit wurden mehr als 1000 Personen durch

seine Empfehlung in die Widerstandsbewegung aufgenommen. Lusseyran wußte ihre Namen und Adressen alle auswendig. Es zeigte sich auch, daß alle, die er empfohlen hatte, vertrauenswürdige Menschen waren.

Verhör durch die Gestapo

Eines Tages wurde Lusseyran aufgesucht von einem Medizinstudenten, der in der Selbstbiographie unter dem Namen »Elio« figuriert. Er bat, in die Widerstandsbewegung aufgenommen zu werden. Lusseyran mißtraute ihm. Sein Handschlag war für einen Studenten ungewöhnlich schwer, und er sprach auffallend leise. Lusseyran war gewöhnt, auf seine innere Stimme zu horchen, die ihm untrüglich ein »Ja« oder »Nein« sagte.

»... dieser Mensch brachte meinen Mechanismus in Verwirrung. Meine innere Nadel schlug nach allen Richtungen aus und kam weder auf ›ja‹ noch auf ›nein‹ zur Ruhe.«

Er besprach den Fall mit seinen Mitarbeitern. Nach langem Zögern entschloß man sich, Elio aufzunehmen. Für gewisse Aufgaben schien er außerordentlich qualifiziert zu sein.

Am 19. Juli 1943 morgens um fünf Uhr war Lusseyrans Stunde gekommen. Sechs bewaffnete Nazis standen vor seiner Tür. Sie forderten ihn auf, in einen Wagen einzusteigen, und fuhren mit ihm zum Gestapo-Hauptquartier. Man führte ihn von Raum zu Raum, indem man ihn aufmerksam beobachtete.

»... ich war wirklich blind. Wegen dieser schleichenden Angst: ›Was wird geschehen?‹ nahm ich fast nichts von allem wahr.«

Der Leiter des Verhörs, ein Major, war äußerst gut informiert. Lusseyran wurde aufgefordert, die Adressen seiner vertrautesten Mitarbeiter und Freunde preiszugeben.

»Mir ist, als atme ich Gas. Meine Nervenzentren streiken. Und dann kommt plötzlich die Befreiung: ich habe buchstäblich keine Angst mehr. Elektrische Glühbirnen leuchten in allen Ecken meines Kopfes auf. Ich sehe den Kerl der Gestapo, die Sekretärin. Ich muß meine Zähne zusammenbeißen, um nicht laut aufzulachen. Wenn ich in diesem Zustand bleibe, können sie ruhig so weitermachen, sie werden nichts erfahren.«

Das Verhör nahm eine andere Wendung, als sich der Verhörsleiter gedacht hatte. Durch geschickt gestellte Gegenfragen fand Lusseyran heraus, daß die Informationen der Gestapo offenbar aus einer einzigen Quelle stammten, nämlich von Elio.

Er wählte die Taktik, alle Fakten, von denen Elio möglicherweise etwas wissen könnte, offen zuzugeben. Im übrigen waren seine Angaben von nun ab völlig irreführend. Das bereits ausgefertigte und vor Lusseyran auch schon verlesene Todesurteil wurde aufgehoben, da man ihn jetzt als wichtige Informationsquelle betrachtete.

Er gab laufend neue und interessante, aber unwahre Darstellungen. Um noch mehr aus ihm herauszupressen, wurde er öfters mißhandelt. Lusseyran, der die deutsche Sprache konnte, schrie einmal einen seiner Peiniger an:

»Ihr seid Feiglinge! Selbst wenn ich wollte, könnte ich mich nicht verteidigen!«

Der SS-Mann lachte, aber die Mißhandlungen hörten auf. Später wurde er in das Konzentrationslager Buchenwald übergeführt. Dort wurde er von den amerikanischen Truppen befreit und wanderte nach den USA aus.

Auf Hawaii wirkte er an der Universität als Lehrer für Französisch. Im Jahre 1972 erlitt er in Südfrankreich einen tödlichen Verkehrsunfall.

Wer die sechs Nebenübungen kennt, wird diese biographische Darstellung als besonders lehrreich empfinden können. Es ist offenbar, daß Lusseyran durch sein eigenes Leben veranlaßt wurde, sich einige der oben geschilderten Fähigkeiten anzueignen. Gelassenheit, Positivität und Unbefangenheit wurden von ihm als drei Bedingungen erlebt, die für seine Geistesschau unerläßlich waren.

Denken – Fühlen – Wollen

Wenn wir die eigentliche Grundlage des anthroposophischen Erkenntnisweges verstehen und sie nach und nach in einen sinnvollen geschichtlichen Zusammenhang einordnen wollen, ist es zunächst notwendig, ein deutliches Bild von den drei menschlichen Seelenfähigkeiten Denken, Fühlen und Wollen herauszuarbeiten. Wir haben sie im vorhergehenden Kapitel andeutungsweise erwähnt.

Einige Beispiele aus dem Alltag

Um deutlich zu machen, wie diese drei Wesenszüge erlebt werden können, seien ein paar alltägliche Situationen angeführt.
- Jemand betritt einen Raum und stellt fest, daß dort schlechte Luft ist (Gedanke)
- Er empfindet Unbehagen (Gefühl)
- Er öffnet das Fenster (Wille)

Ein anderes Beispiel:
- Ein Mann sitzt auf einer Bank im Park und liest in der Zeitung. Von ihm kaum bemerkt, spricht ihn ein kleines Mädchen an. Es will wissen, wie spät es ist. Er hört zuerst nur die Worte, dann erfaßt er deren Inhalt (Gedanke).
- Im ersten Moment wird er unwillig ob der Störung, zwingt sich aber zur Rücksichtnahme. Sein Interesse für das Mädchen gewinnt die Oberhand (Gefühl).
- Er blickt auf, schaut nach seiner Uhr und gibt die gewünschte Auskunft (Wille).

Ein weiteres Beispiel:
- Ein Junge erblickt in einem Warenhaus einen großen Korb mit Schokolade. Er fühlt sich unbeobachtet und weiß, daß sein Geld nicht ausreicht, um die Schokolade zu kaufen (Gedanke).
- Die Lust zum Schokoladeessen überkommt ihn, sein Gewis-

sen und die Angst, ertappt zu werden, halten ihn aber zurück, einfach davon zu nehmen (Gefühl).

● Er zögert einen Augenblick, streckt dann seine Hand aus und ergreift die Schokolade – oder er geht eben davon, ohne sie zu nehmen (Wille).

Aus diesen Beispielen ist ersichtlich, wie die Begriffe Denken, Fühlen und Wollen in einem weiten Sinn angewendet werden können. Der Terminus »Gedanke« umfaßt also sowohl das Denken als auch die Sinneswahrnehmungen, die den Anstoß für den Gedanken geben.

Das Wort »Wollen« bezieht sich nicht nur auf die eigentliche Handlung, sondern auch auf den Entscheidungsprozeß, der der Handlung vorausgeht. Der Entschluß wird zuerst auf der Gedanken- und der Gefühlsebene vorbereitet, um sich dann in das Willensleben gewissermaßen hineinzusenken.

Es ist also gar nicht so einfach, die drei Seelenaktivitäten begriffsmäßig auseinanderzuhalten. Dies findet im täglichen Leben auch nicht statt, weil die Seelenfunktionen da ineinanderfließen. Wie die Beispiele zeigen, verläuft das Zusammenspiel zwischen Denken, Fühlen und Wollen gewissermaßen in bestimmten »präformierten« Bahnen. Diese beruhen in hohem Grade auf den vorhandenen Kulturtraditionen sowie auf Erziehung und persönlicher Veranlagung. Zu allen Zeiten war eine der hauptsächlichsten Zielsetzungen – sowohl für die Erziehung als auch für die Religionsausübung –, die heranwachsende Generation nach dem »richtigen« Modell zu formen.

»Recht« und »Unrecht«

Die Vorstellung davon, was »richtig« und was »unrichtig« sei, war bekanntlich während der verschiedenen Zeit- und Kulturepochen einem steten Wandel unterworfen. Auf seinen Reisen begegnete Charles Darwin auf Feuerland in Südamerika einem Eingeborenen, der Kannibale war. Als Darwin ihm vor Augen stellte, es sei nicht gut, Menschenfleisch zu verzehren, antwortete dieser: das könne wohl doch der, der noch nie dies Erlebnis gehabt hätte, nicht wissen. Trotz aller zeit- und ortsbedingten Unterschiede gibt es aber doch einige Rechtsbegriffe, die im Grunde allen Menschen gemeinsam sind.

Beispielsweise die Gebote »Du sollst kein falsches Zeugnis

reden wider deinen Nächsten«, »Du sollst nicht stehlen«, »Du sollst nicht töten« gelten nicht nur in der jüdisch-christlichen Kultursphäre, sondern auch innerhalb vieler anderer Religionen und Zivilisationen.

Sieht man einmal ab von den allerdings nicht wenigen Fällen, in denen die Schuldigen sich auf geschäftliche, politische oder kriegerische Auseinandersetzungen berufen können, stimmen doch die meisten menschlichen Gesellschaftsordnungen darin überein, daß Lüge, Diebstahl und Mord nicht geduldet werden können.

Es war immer die Aufgabe der Eltern, Geistlichen und Volksführer, die Menschen nicht nur von unrechten Handlungen abzuhalten, sondern ihnen auch verständlich zu machen, warum diese als tadelnswert oder verwerflich betrachtet werden müssen.

Die angestrebte »Volkserziehung« richtete sich also zugleich an Denken, Fühlen und Wollen – das heißt an den ganzen Menschen.

Störungen innerhalb des Gedanken-, Gefühls- und Willenslebens

Jede Art von menschlichem Zusammenleben wird erschwert oder unmöglich gemacht, wenn die allgemein anerkannten »Modelle« für das Zusammenwirken von Denken, Fühlen und Wollen durchbrochen werden.

In seinem Buche »Psychiatrie und Mentalhygiene« gibt der schwedische Psychiater Gunnar Lundquist anschauliche Beispiele von Störungen, die vom Gedanken-, Gefühls- oder Willensleben ausgehen und dann ihre Wirkungen auf andere Seelenaktivitäten ausdehnen.

Lundquist beschreibt einen jungen Mann, der schweigsam und grübelnd wird und sich immer mehr von seinen Bekannten zurückzieht. Schließlich beklagt er sich, seine Kollegen würden schlecht über ihn reden. Er glaubt auch zu beobachten, daß sie ihn komisch ansehen, geheimnisvolle Mienen machen und sich heimlich Zeichen geben. Bald glaubt er, von einer bestimmten Person hypnotisiert zu werden, ohne allerdings angeben zu können, wie das zustande kommt und wie er sich dabei fühlt. Er lebt immer mehr in seiner eigenen Welt und bildet sich ein, eine Art »Weltpräsident« zu sein. Offenbar ist er ein Opfer von

Wahnvorstellungen. Das Gefühls- und Willensleben wird in den Prozeß einbezogen. Die Folge ist Niedergeschlagenheit und Passivität.

Die Strömungen, die im Gefühlsleben ihren Ursprung haben, nehmen einen anderen Verlauf. Lundquist berichtet von einer älteren Frau, die unter schweren Depressionen leidet und deswegen Hilfe sucht bei einem Arzt. Sie verhält sich ruhig und schweigsam, ihr Gesichtsausdruck ist traurig und unbeweglich. Auf die Fragen des Arztes antwortet sie ganz klar, aber ihre Schilderungen sind überaus düster. Sie ist überzeugt davon, daß ihr Leben bald zu Ende gehe und alles sinnlos sei. Außerdem klagt sie über Magenbeschwerden; eine diesbezügliche Untersuchung erbringt aber keinerlei Befunde. Ihr Leiden ist »seelisch« und greift im Laufe der Zeit auf die Bereiche des Gedanken- und Willenslebens über. Es kommt zu Wahnvorstellungen verschiedener Art, und das Handlungsvermögen wird zunehmend eingeschränkt.

Lundquist erzählt von einem anderen Patienten, bei dem die Störungen ebenfalls vom Gefühlsleben ausgehen, die Symptome aber ganz gegensätzlicher Art sind.

Ein Verkäufer in mittleren Jahren, der immer tüchtig, rührig und »kontaktfreudig« ist, wird nach und nach immer betriebsamer und steckt voller Ideen. Seine Redseligkeit nimmt sichtbar zu, er reist umher und versucht, alle möglichen Freunde und Bekannte für seine Projekte zu gewinnen. Er wird immer weniger zielbewußt, zeigt keine Ausdauer mehr, springt von einer Tätigkeit zur anderen und will alles auf einmal erledigen. Sein Gedankenablauf wird schneller und schneller, es stellt sich bei ihm eine Art von Ideenflucht ein. Zuletzt muß er seine Arbeit aufgeben.

Die schwierigsten Störungen scheinen diejenigen zu sein, die vom Willensleben ausgehen. Sie zeigen sich entweder als stereotypes Wiederholen von gewissen Wörtern, Gesten oder anderen Aktivitäten, oder als Unfähigkeit zum Handeln und Handelnwollen. In beiden Fällen kommt es vor, daß sowohl das Gefühls- als auch das Gedankenleben von gesteigerter Gleichgültigkeit geprägt werden.

Bei schizophrenen Patienten zeigt sich mit größter Deutlichkeit, wie der normale Zusammenhang zwischen Denken, Fühlen und Wollen mehr oder weniger aufgehoben ist. Der Kranke kann in einer traurigen Situation lachen, in einer fröhlichen weinen usw. Die Krankheit kann so weit gehen, daß der Patient nicht essen will, auf nichts antwortet, Unsauberkeiten nicht beachtet und selbst auf Stiche mit einer Nadel nicht reagiert.

Die Grenze zwischen den Zuständen, die als »normal« und »anormal« zu betrachten sind, kann nicht scharf gezogen werden. Sie fließen ineinander über und müssen individuell beurteilt werden, unter Berücksichtigung des Kulturmilieus. Bei jedem Menschen ist aber irgendwo eine unsichtbare Scheidewand, die gelegentlich durch neurotische oder hysterische Zustände durchbrochen werden kann.

Deutliche Fälle von wirklicher »Persönlichkeitsspaltung« sind aber ziemlich selten. Nach Angaben von Lundquist ist der Anteil der Schizophrenen normalerweise ungefähr ein Prozent der Bevölkerung.

Daß Gedanken, Gefühle und Wille in der Regel einigermaßen im Zusammenhang gehalten werden können, beruht nicht allein auf dem durch Erziehung oder übliche Moralauffassung eingeprägten Verhaltensmuster. Nicht weniger maßgebend dafür ist es, daß die drei Seelenkräfte – jede in ihrer besonderen Weise – normalerweise sehr tief mit dem physischen Organismus verbunden sind.

Drei physiologische Prozesse

Steiners Beschreibung der Zusammenhänge zwischen Seelenfähigkeiten und physiologischen Organprozessen gehört zu den wichtigsten und grundlegendsten Zügen seiner Darstellungen vom Wesen des Menschen.

Er unterscheidet drei dominierende Organsysteme des menschlichen Körpers. Diese haben ihre Zentren in verschiedenen Teilen des Organismus. Jedes der Systeme durchdringt aber den ganzen Körper. Bei einem gesunden Menschen wirken sie harmonisch zusammen.

Die Nerven-Sinnes-Prozesse haben ihr Zentrum im Kopf, der das Gehirn umschließt und die Seh-, Gehör-, Geruchs- und Geschmacksorgane trägt. Der Kopf ist der härteste und abgeschlossenste Teil des Skelettes. Das Gehirn hat eine verhältnismäßig niedere Temperatur, es stellt den »kalten« Pol im Menschen dar.

Das Nervensystem ist in seiner Funktionsweise lebendig und empfindlich. Seine physische Struktur ist nicht beweglich. Die Zellteilung in den Nerven hört kurz nach der Geburt auf. Die

Regenerationsfähigkeit ist niedrig. Kleinste Störungen und Veränderungen im Gehirn – besonders in den tieferliegenden Teilen – können sich verhängnisvoll auswirken.

Die rhythmischen Prozesse haben ihr Zentrum in der Brust, wo Herz und Lungen ihren Sitz haben. Das Skelett hat hier die Form eines Raumes mit durchbrochenen und in gewissem Grade elastischen Wänden: der Brustkorb.

Das rhythmische System hat eine ausgleichende, vermittelnde Funktion. Nimmt die Tendenz des Nervensystems zu physischer Unbeweglichkeit überhand, d.h. der Körper ruht, tragen die Atmung und der Kreislauf dazu bei, daß der Stoffwechsel ungestört im ganzen Organismus weitergeht. Dominiert die Stoffwechseltätigkeit, d.h. wird der Körper intensiv bewegt, setzt die Kapazität des Herzens und der Lungen die Grenze für dessen Wirksamkeit.

Die Stoffwechselprozesse haben ihr Zentrum im Unterleib. Das Skelett läßt hier die inneren Organe mehr oder weniger ungeschützt. Die Temperatur ist verhältnismäßig hoch, weshalb die Bauchpartie den »warmen« Pol im Menschen darstellt. Die Zellteilung erfolgt rasch, und das Regenerationsvermögen ist hoch. Der ganze »mittlere« Mensch ist durch Beweglichkeit charakterisiert; die Gliedmaßen reichen frei in den Raum und stehen somit im Gegensatz zur Geschlossenheit des Hauptes.

Die Gedanken und die Sinneswahrnehmungen des Menschen basieren also auf den Prozessen des zentralen Nervensystems.

Emotionen – Überraschung, Furcht, Freude oder Schreck – greifen verändernd in Atmung, Pulsschlag, Darmtätigkeit und andere rhythmische Funktionen des Körpers ein.

Willenshandlungen sind von Stoffwechselprozessen begleitet, die durch die körperlichen Bewegungen ausgelöst werden.

Versuche mit Wärmewellen

Es zeigt sich also ein Zusammenhang zwischen Seelenfähigkeiten und physiologischen Prozessen, was durch eine Untersuchung deutscher Fachleute, deren Ergebnisse 1934 veröffentlicht wurden, in vollem Umfang bestätigt worden ist. In diesem Bericht sind die damals schon bekannten Aussagen Rudolf Steiners nicht erwähnt.

Der Versuchsleiter, Fritz Giese – später Professor an der

Technischen Hochschule in Stuttgart – beschreibt, wie Wärmewellen, die von einem unbekleideten Menschen ausgehen,
durch Beleuchtung und Projektion auf einem transparenten
Schirm sichtbar gemacht werden können. Beschäftigt sich die
Versuchsperson mit intellektueller Arbeit, wird das Strömungs-
maximum zum Kopf verlegt, während die Strömungen, die bei
Willenshandlungen gegen die unteren Teile des Körpers zu
sichtbar sind, fast ganz verschwinden.

Bei gesteigerter Konzentration – Kopfrechnen, Auswendig-
lernen usw. – treten verschiedenartig geformte Strömungen
oberhalb des Auges bis zur oberen Grenze der Stirnmitte auf.

»Wird im Bewußtseinsinhalt ein emotionaler Tonus einge-
führt, so schaltet sofort die abdominale Strömung wieder ein: je
nach dem Strukturtyp wird die Strömung am Kopf geringer
oder ganz eingestellt, während nunmehr das Maximum der
Strömung thorakal ist und sich deutlich durch rhythmische Impulse, dicke, bogenförmige, quellende Wärmewellen vom vor-
herigen Bild scheidet.

Bei willentlichen Bewußtseinsinhalten wird wieder der Ge-
samtkörper strömend, aber mit dem Unterschiede, daß viel-
fach abdominale Zonen bevorzugt sind und daß in jedem
Falle die Wellen klein, sehr lebhaft und beschleunigt aufsteigen. Im Mittel strömen sie nach bisherigen Messungen etwa
dreifach so schnell wie bei emotionalem Bewußtseinsinhalt.
Die Wärmewellen können vertikal weit verfolgt werden. Sie
sind noch 2–3 m oberhalb der Person zu sehen.« (Bericht
über den XIII. Kongreß der Deutschen Gesellschaft für
Psychologie in Leipzig, Jena 1934.)

Drei verschiedene Bewußtseinsstufen

Beobachten wir uns selber und unsere Reaktionen, können wir
wahrnehmen, wie unsere Gedanken-, Gefühls- und Willens-
äußerungen sich auf verschiedenen Stufen – anders gesagt, in
drei verschiedenen Bewußtseinszuständen – abspielen.

Im Denken sind wir ganz und gar wach. Jedes Glied eines
logischen Gedankenganges kann für uns selber wie auch für andere völlig durchschaubar gemacht werden. Fassen wir einen
klaren und bewußten Gedanken, wissen wir auch, wie er entstanden ist.

Unsere eigenen Gefühle und Emotionen zu durchschauen ist

schwieriger. Wir wissen eine ganze Menge über unsere Sympathien und Antipathien, aber wie sie entstanden sind, ist uns häufig nicht klar. Man könnte sagen, daß sie sich in einem traumähnlichen Zustand abspielen.

Die meisten Willenshandlungen (Gesten, Bewegungen usw.) werden mehr oder weniger automatisch durchgeführt. Sie finden zum größten Teil auf einer uns unbewußten Ebene statt. Gemäß R. Steiner kann der Bewußtseinszustand, der den eigentlichen Willensakt kennzeichnet (wenn wir von den ihn begleitenden Gedankenakten und Gefühlserlebnissen absehen) verglichen werden mit der tiefen Bewußtlosigkeit, in der wir während des traumlosen Schlafes verweilen.

Zusammenfassend können wir also folgendes Schema aufstellen:

Gedanke	Kopf	Nervenprozesse	Wachzustand	Kälte
Gefühl	Herz, Lungen u. a. rhythm. Organe	Rhythmische Prozesse	Traum- bewußtsein	
Wille	Unterleib und Gliedmaßen	Stoffwechsel- prozesse	Schlaf- bewußtsein	Wärme

Praktische Konsequenzen

Die Zusammenhänge, die in diesem Schema angedeutet sind, haben innerhalb der verschiedenen anthroposophischen Tätigkeitsgebiete zu umfassenden praktischen Konsequenzen geführt.

Steiners Beschreibung der drei Organsysteme und ihrer Prozesse ist eines der Fundamente der anthroposophisch orientierten Medizin. Viele Krankheiten können als Folge von Störungen in einem der drei Systeme angesehen werden. Es wurde eine große Anzahl therapeutischer Maßnahmen entwickelt, mit deren Hilfe der Arzt zur Heilung eines Organsystems und zu dessen fortlaufendem harmonischen Zusammenwirken mit anderen Systemen des Organismus beitragen kann.

Auch für die Waldorfpädagogik ist die Kenntnis dieser Menschenkunde von großer Bedeutung und bildet geradezu deren Grundlage. Im Vorschulalter, wenn das Kind vorwiegend den physischen Körper aufbaut, steht das Willensleben ganz im

Vordergrund und wird vor allem durch die Nachahmung entwickelt.

Im frühen Schulalter hat das Gefühlsleben eine zentrale Bedeutung für das Kind, und der Unterricht in einer Waldorfschule appelliert in der 1.–7. Klasse ganz bewußt an das Gefühl und spricht somit die rhythmischen Prozesse an.

Erst in der Zeit der Pubertät tritt beim Kinde die Fähigkeit des selbständigen Denkens auf. Der Unterricht in den höheren Klassen einer Waldorfschule wird sich also zur besonderen Aufgabe machen, das Denkvermögen auszubilden.

Es wäre sehr verlockend, einige medizinische und pädagogische Konsequenzen, die sich aus der Kenntnis der drei Organsysteme ergeben, näher zu beschreiben. Dies würde jedoch den Rahmen dieser Darstellung weit überschreiten. Statt dessen begnügen wir uns damit, einige Aspekte zu berühren, die mit dem anthroposophischen Schulungsweg zu tun haben.

Die Loslösung der Seelenkräfte

Dadurch, daß jede der drei Seelenkräfte in bestimmte physiologische Prozesse einbezogen ist, sind Gedanken, Gefühle und Wille selbstverständlich auch in das ätherische Kraftfeld einverwoben.

Man kann sich vorstellen, daß der Ätherleib in gewisser Weise das Zusammenwirken der Seelenkräfte mit den drei Organsystemen ermöglicht und vermittelt. Wie wir aber im Kapitel »Eine übersinnliche Wirklichkeit« gesehen haben, kann sich das ätherische Kraftfeld unter gewissen Bedingungen ganz oder teilweise vom physischen Körper lösen. Dieser Prozeß ist eine Notwendigkeit in der Entwicklung eines Menschen, der die Stufe eines bewußten, kontinuierlichen übersinnlichen Wahrnehmens erreicht hat. Wenn sich also das ätherische Kraftfeld erweitert und sich bis zu einem gewissen Grade aus dem Körper herauszieht, lösen auch die drei Seelenkräfte ihre gesetzmäßige Verbindung miteinander. Dadurch werden bestimmte psychologische Prozesse gelockert, und es kommt zu einer tiefen Umwandlung im Innern des Menschen. Was jetzt vor sich geht, wird in »Wie erlangt man Erkenntnisse der höheren Welten?« folgendermaßen beschrieben:

»Das ist nämlich die Veränderung, welche der Geheimschüler an sich bemerkt, daß kein Zusammenhang zwischen einer

Vorstellung und einem Gefühl oder einem Gefühl und einem Willensentschluß und so weiter sich einstellt, wenn er nicht selbst einen solchen schafft. Kein Antrieb führt ihn von einem Gedanken zu einer Handlung, wenn er diesen Antrieb nicht frei in sich bewirkt. Er kann nunmehr völlig gefühllos vor einer Tatsache stehen, die ihm vor seiner Schulung glühende Liebe oder ärgsten Haß eingeflößt hat; er kann untätig bleiben bei einem Gedanken, der ihn vorher zu einer Handlung wie von selbst begeistert hat. Und er kann Taten verrichten aus Willensentschlüssen heraus, für welche bei einem nicht durch die Geheimschulung hindurchgegangenen Menschen auch nicht die geringste Veranlassung vorliegt. Die große Errungenschaft, welche dem Geheimschüler zuteil wird, ist, daß er die vollkommene Herrschaft erlangt über das Zusammenwirken der drei Seelenkräfte; aber dieses Zusammenwirken wird dafür auch vollständig in seine eigene Verantwortlichkeit gestellt.«

Man muß sich klarmachen, daß durch die geistige Schulung die drei Seelenfähigkeiten im menschlichen Leben teilweise eine neue Aufgabe bekommen.

Sie können Vermittler werden, ja eine Art Boten, die Kenntnis geben über eine Welt, die den physischen Sinnen nicht zugänglich ist.

Wer sich meditativ in die Beziehungen der Seelenkräfte zu den verschiedenen Regionen der übersinnlichen Welt eingelebt hat, kann nach der Angabe Steiners, wenn er morgens erwacht, diese Verwandtschaft deutlich wahrnehmen: solche höheren Kräfte können wie eine Gabe aus Weltenwillen, Weltengefühl und Weltendenken während der Nacht in den Menschen hineinströmen und zu seiner inneren Umwandlung beitragen (Vortrag vom 24. 3. 1910, GA 119).

Dadurch, daß Gedanke, Gefühl und Wille sich schrittweise mit einem solchen kosmisch-übersinnlichen Prozeß verbinden, werden sie in einem gewissen Stadium der inneren Entwicklung nicht mehr als drei Seelenfähigkeiten erlebt, sondern als drei geistige Wesen, drei »Persönlichkeiten« mit eigenen charakteristischen Eigenarten.

Wie eine solche »Persönlichkeitsspaltung« – im positiven Sinne – erlebt wird, die als Resultat einer zielbewußten geistigen Schulung auftritt, zeigt Steiner in einem seiner Mysteriendramen (GA 14). Die Handlung aller vier Dramen, die in den Jahren 1910–1913 entstanden sind, stellt jeweils die gleiche Gruppe geistig suchender Menschen dar und schildert ihren

Entwicklungsweg, ihre zwischenmenschlichen Beziehungen und ihr Verhältnis zur übrigen Welt.

Eine der Hauptpersonen ist der Humanist und Universitätsprofessor Capesius. In schon vorgerücktem Alter lernt er den inneren Schulungsweg von Benedictus kennen, einem Geisteslehrer, der durch sein menschliches Verhalten ihm tiefes Vertrauen eingegeben hat.

Als Capesius bei einem Schüler von Benedictus die geistige Entwicklung erlebt, die erreicht wurde durch die Schulung der Seelenkräfte, entschließt er sich, nach anfänglichem Zögern, mit dem inneren Üben zu beginnen. Sein wichtigstes Hilfsmittel ist ein von Benedictus geschriebenes Lebensbuch mit meditativen Betrachtungen, in die er sich immer und immer wieder versenkt.

Daraus sollen drei Zeilen als Beispiel eines Textes mit ausgeprägtem meditativen Charakter zitiert werden.

»In deinem Denken leben Weltgedanken«
»In deinem Fühlen weben Weltenkräfte«
»In deinem Willen wirken Weltenwesen«

Jahrelang kehrt Capesius übend immer wieder und mit ständig stärkerem Einsatz zu dieser Textstelle zurück. Eines Tages, als er an seinem Schreibtisch sitzt und sich in die bekannten Sätze vertieft, spürt er eine besonders starke Wirkung der Worte. Er kann sich wie nie zuvor in sie hineinfühlen, was ein besonderes Erlebnis bewirkt. Die Worte werden offensichtliche Wirklichkeit. Es ist ihm, als ob er seinen Körper verlassen würde. Fremde Wesen bemächtigen sich seines Innern, und es tönen Worte zu ihm, die er nicht versteht und nicht als seine eigenen begreift. Ein Furchtgefühl, das alles bisher Erlebte übersteigt, ergreift ihn. Es gelingt ihm aber – dank seiner inneren Schulung –, das Gleichgewicht zu bewahren und sein Bewußtsein aufrechtzuerhalten. Er ist im Innersten erschüttert, das Ereignis läßt ihn aber nicht verzagen.

Im Verlauf des Dramas zeigt sich, daß ihm das Erlebnis im Gegenteil neue innere Kräfte gibt. Von jetzt an erlebt er die übersinnliche Welt wie eine unmittelbare Realität. Sein ätherisches Kraftfeld spiegelt ihm Eindrücke aus einer Region, die ihm bisher verschlossen war. Mit einer Formulierung, die an die antiken Mysterien anknüpft, könnte man sagen: er »geht über die Schwelle« zur geistigen Welt.

Besonders charakteristisch ist, daß die drei Wesen, die er erlebt und die im Grunde genommen seine eigenen, verstärkten

Seelenkräfte sind, offenbar nicht harmonisch in ihm zusammenwirken.

Eine davon scheint Stellung gegen die anderen zu nehmen und warnt Capesius davor, den Eingebungen der anderen zu folgen. Der Konflikt ist für ihn verwirrend und beunruhigend und enthüllt unerbittlich die wirklichen Mängel seines inneren Wesens.

Beispiel aus dem »wirklichen Leben«

Man muß damit rechnen, daß die Erfahrungen aus einer solchen Disharmonie zwischen den Seelenkräften noch stärker werden und noch furchtbarer erscheinen können für denjenigen, dem aus irgendeinem Grunde entsprechende Erlebnisse widerfahren, ohne daß er eine vorhergehende, zielbewußte Schulung durchgemacht hat.

Ein ungewöhnliches und auffallendes Beispiel einer solchen Persönlichkeitsspaltung wird von zwei amerikanischen Psychiatern, H. M. Cleckley und T. H. Thigpen, in dem Buch »Evas drei Gesichter« dargestellt. Ein wissenschaftlicher Bericht über den Verlauf der Geschehnisse ist im »Journal of Abnormal and Social Psychology« (Jahrgang 1954) publiziert worden. Eve White ist eine scheue, verschlossene und ängstlich korrekte Frau mit gespannter Körperhaltung. Sie lacht selten. In ihrer Kindheit hatte sie ein schweres Schockerlebnis, das, so Cleckley und Thigpen, ihre ganze Persönlichkeit veränderte. Ihre Mutter zwang sie, zum Sarge ihrer Großmutter zu treten und den Leichnam zu berühren. Eve war von diesem Zeitpunkt an verschlossen, gehemmt und befangen. Sie hat später Konflikte mit ihrem Mann, bekommt öfters Ohnmachtsanfälle und meint, fremde Stimmen zu hören.

Schließlich sucht sie psychiatrische Hilfe. Eines Tages verändert sie sich während einer Behandlung völlig. Ihr Gesichtsausdruck wird anders, und ein leichtes Zittern geht durch den ganzen Körper. »Die Hände sanken leicht ab. Die blauen Augen öffneten sich jäh. Ein unbeschwert lebhaftes Lächeln sprang auf. Mit unbekannter, heiterer Stimme sagte die Patientin: Tag, Doktorchen. Frivol den Rock lüpfend und mit einem leisen Auflachen schlug sie die Beine übereinander und lehnte sich tief in den Sessel zurück. Die befangene Haltung Eve Whites wich einer gelockerten Ruhe. Sie warf kokett den Kopf zurück.

Ihr Gesicht war frisch und überraschend frei von den gewohnten Anzeichen seelischen Drucks. Sie schien sich kaum das Lachen verbeißen zu können.«

Im Laufe der Behandlung gelingt es Thigpen, die andere Persönlichkeit, die sich Eve Black nennt, herauszuheben. Sie ist sehr zufrieden darüber und sagt, jedes Mal wenn dies geschieht, wird Eve White – die sie tief verachtet – immer schwächer.

Thigpen fragt, was dadurch geschehen wird, und bekommt zur Antwort: »Dann gehört dieser Körper mir.«

Eve White bemerkt Spuren von Vorgängen, die während ihrer Ohnmacht geschehen sind. Sie findet ein rotes Kleid in ihrem Schrank und eine Flasche billiges Parfum.

Sie weiß nichts über Eve Black, versteht aber aus der Schilderung Thigpens, daß die Stimmen, die sie manchmal zu hören glaubt, eigentlich von Eve Black kommen, die versucht hat, ihren Körper in Besitz zu nehmen.

Eine seltsame und denkwürdige Einzelheit in der Schilderung ist die von Thigpen ausdrücklich bestätigte Tatsache, daß Eve Black allergisch ist auf »Nylonstrümpfe« – was bei Eve White nicht der Fall ist.

Mit der Zeit tritt eine dritte, jetzt wieder ganz neuartige Persönlichkeit hervor. Sie nennt sich Jane und hat einen größeren Interessenkreis als ihre beiden Vorgängerinnen. In vielen Situationen zeigt sie ein ganz anderes Einfühlungsvermögen als diese. Darüber hinaus ist sie sehr begabt. Eve Black haßt Jane, kann aber nicht verhindern, daß diese den umstrittenen Körper immer wieder in Besitz nimmt.

Während einer ärztlichen Behandlung bekommt Jane einen Anfall und schreit:

»Mutti . . .! Mutti . . .! Nicht doch . . .! Nein . . . nein . . . ich will nicht . . . ich will nicht!«

Nach einem zweiten Anfall, den sie kurz darauf hat, tritt eine vierte Persönlichkeit hervor, die sich Evelyn nennt und Jane sehr ähnlich, aber nicht identisch mit ihr ist. Evelyn erzählt, daß Janes Schrei veranlaßt wurde durch das Wiedererleben des angstvollen Kindheitserlebnisses, als sie die tote Großmutter berühren mußte.

Evelyn zeigt volles Verständnis für alle drei Persönlichkeiten und steht in einer gewissen Art über ihnen.

Nach der Behandlung läßt Eve sich scheiden, heiratet einen anderen Mann, sorgt für ihr Kind und scheint im großen und ganzen harmonisch zu sein.

Thigpens Theorie ist, daß Evelyn die ursprüngliche Persönlichkeit ist, die durch das Erlebnis mit der Großmutter verdrängt wurde und nun mit der Zeit und mit Hilfe Janes die Herrschaft über ihren Körper zurückerobern konnte.

Eve White mit ihrem verstandesbetonten, etwas kleinbürgerlichen Verhalten, Eve Black mit ihrer gewissermaßen brutalen Energie und Jane mit ihrem reichen Gemütsleben haben – kann man vielleicht sagen – eine Art Verwandtschaft mit einer jeden der drei Seelenkräfte.

Evelyn ist – falls Thigpens Hypothese stimmt – ein »Ich«, das die drei zersplitterten Kräfte zu einer einheitlichen Persönlichkeit zusammenfügen möchte.

Gefahren der geistigen Schulung

Diese Krankengeschichte mag zur Illustration eines Problems beitragen, das auftreten kann, wenn das moralische Üben, das der Schulungsweg fordert, nicht mit genügender Energie betrieben wird.

Steiner betont, daß drei bis dahin latente »Persönlichkeiten« in gewissen Fällen durch das Üben freigemacht werden und die Oberhand bekommen können, wenn das Ich nicht mehr imstande ist, sie zu beherrschen und zusammenzuhalten. Wer die Schwelle der geistigen Welt überschreitet, ohne ein gefestigtes Urteilsvermögen, ein reifes Gefühls- und ein ausgeglichenes Willensleben erworben zu haben, wird – nach der Darstellung in »Geheimwissenschaft im Umriß« – unerbittlich in die folgende Situation hineingeraten:

»... bringt man diese (Eigenschaften) nicht mit in die höhere Welt, so wird man alsbald sehen, wie sich das Ich schwach erweist und kein ordentlicher Lenker sein kann des Denkens, Fühlens und Wollens. Die Seele würde, wenn diese Schwäche vorhanden wäre, wie von drei Persönlichkeiten in die verschiedenen Richtungen gezerrt und ihre innere Geschlossenheit müßte aufhören.«

In »Wie erlangt man Erkenntnisse der höheren Welten?« wird auch eine andere Gefahr beschrieben, die den Geistesschüler bedrohen kann, falls das moralische Üben vernachlässigt wird. Wer eine Schulung beginnt und ein ausgeprägter Kopf-, Gefühls- oder Willensmensch ist, kann, wenn er seine Einseitigkeit nicht überwindet, statt dessen diese Anlage noch verstärken und dadurch sein Leben, wie auch das seiner Mitmenschen aufs tiefste erschweren.

»Tritt ein solcher Willensmensch aber in die Geheimschulung ein, so hört der gesetzmäßige Einfluß von Gefühl und Gedanke auf den zu ungeheuren Kraftleistungen unausgesetzt drängenden Willen vollständig auf ... Eine Gewaltnatur, die von einer zügellosen Handlung zur anderen schreitet, ist entstanden. – Ein zweiter Abweg entsteht, wenn das Gefühl in einer maßlosen Art sich von den gesetzmäßigen Zügeln befreit. Eine zur Verehrung anderer Menschen neigende Person kann sich dann in grenzenlose Abhängigkeit bis zum Verluste jedes eigenen Willens und Gedankens begeben ... Oder es kann bei solch überwiegendem Gefühlsleben eine zu Frömmigkeit und religiöser Erhebung neigende Natur in eine sie ganz hinreißende Religionsschwelgerei verfallen.

Das dritte Übel bildet sich, wenn das Denken überwiegt. Dann tritt eine lebensfeindliche, in sich verschlossene Beschaulichkeit auf. Für solche Menschen scheint dann die Welt nur mehr insoweit Bedeutung zu haben, als sie ihnen Gegenstände liefert zur Befriedigung ihrer ins Grenzenlose gesteigerten Weisheitsgier. Sie werden durch keinen Gedanken zu einer Handlung oder einem Gefühl angeregt. Sie treten überall als teilnahmslose, kalte Naturen auf. Jede Berührung mit Dingen der alltäglichen Wirklichkeit fliehen sie wie etwas, das ihnen Ekel erregt oder das wenigstens für sie alle Bedeutung verloren hat.

Das sind die drei Irrpfade, auf welche der Geheimschüler geraten kann: das Gewaltmenschentum, die Gefühlsschwelgerei, das kalte lieblose Weisheitsstreben.«

Wer viele Jahre hindurch den anthroposophischen Übungsweg praktiziert hat und in der Lage ist, andere Menschen mit dem gleichen geistigen Streben zu beobachten, kann einsehen, daß die angeführten Gefahren wirklich existieren.

Nach Steiner sieht das Bild eines Menschen, der auf einen dieser Abwege geraten ist, bei oberflächlicher Betrachtung nicht viel anders aus als das Bild eines Geisteskranken, oder wenigstens Nervenkranken. In Wirklichkeit ist der Unterschied aber doch groß. Es ist aufschlußreich, Gunnar Lundquists Schilderung krankhafter Störungen im Gedanken-, Gefühls- und Willensleben mit Steiners Beschreibung der drei »Abwege« zu vergleichen. Ein ernsthaft kranker Mensch kann in der Regel nicht viel an seiner Situation ändern. Das kann dage-

gen derjenige, der durch sein eigenes inneres Üben vorübergehend aus dem Gleichgewicht geraten ist.

Es kann nicht genug darauf hingewiesen werden, daß die
sechs Nebenübungen ein unentbehrliches Hilfsmittel sind für
jeden Menschen, der eine Geistesschulung unter Aufrechterhaltung der völligen seelischen Gesundheit anstrebt.

Es ist nie zu spät, wieder von vorne anzufangen.

In dem bereits erwähnten Aufsatz vom Oktober 1906 hebt
Steiner hervor, daß »die sechs Übungen abschließend den
schädlichen Einfluß, den andere okkulte Übungen haben können, paralysieren, so daß nur das Günstige vorhanden bleibt.«

Kontakt mit übersinnlichen Wesen

Wenn die drei Seelenkräfte freigeworden sind, kommt der
Übende in näheren Kontakt mit bestimmten übersinnlichen
Wesenheiten. Diese sind auf gewisse Art verwandt mit den inneren Fähigkeiten, die er ausgebildet hat. Insofern er unter psychischen Einseitigkeiten leidet, die noch nicht überwunden
sind, tritt diese Verwandtschaft besonders deutlich hervor.

Solche Wesen leben in einer übersinnlichen Existenzform.
Der Mensch kann sie nicht wahrnehmen, bevor er nicht selbst
»über die Schwelle« zur geistigen Welt getreten ist. Schon lange
vorher kann man aber ihre Wirkungen bei sich selbst wie auch
bei anderen wahrnehmen.

Wer leicht unkontrolliert enthusiastisch wird oder zu mehr
oder weniger schwärmerischen Gefühlsausbrüchen neigt, ist
seelisch mit Wesen verwandt, die Steiner »luziferisch« nennt.

Wer eine innere Haltung hat, die immer kalt berechnend ist
und keine normale Rücksichtnahme gegen andere Menschen
kennt, verbindet sich in seinem Innern mit Wesen, die innerhalb der Anthroposophie »ahrimanisch« genannt werden. (Der
Name Ahriman stammt aus der alten persischen Mythologie.)

Nach den Angaben von Steiner gibt es viele übersinnliche
Wesen. Die beiden Gruppen, die hier genannt worden sind,
werden eingehender beschrieben als andere, weil sie mit den
drei Seelenkräften des Menschen so sehr verwandt sind. In unserem Gefühlsleben ist eine natürliche Disposition für »luziferi-
sche« Erlebnisse vorhanden, während unser Denken sehr leicht
einen Zug ins »Ahrimanische« bekommen kann. Innerhalb des
Willenslebens kann die eine oder andere Tendenz besonders

deutlich zum Ausdruck kommen. Ein religiöser Fanatiker handelt anders als ein Machtmensch mit stark verstandesmäßiger Ausrichtung.

Die hier beschriebenen geistigen Wesenheiten haben eine wichtige Aufgabe im Dasein des Menschen und in der physischen Welt zu erfüllen. Die bedeutendsten Einschläge in unserer Kulturentwicklung, nicht zuletzt auf künstlerischem Gebiet, wären nie zustande gekommen, wenn sie nicht von luziferischen Wesen inspiriert worden wären.

Und alle die Erscheinungen, die mit Altern, Welken und Sterben zu tun haben und unlöslich mit dem physischen Dasein verbunden sind, könnten nicht stattfinden, wenn es keine ahrimanischen Wesen gäbe.

Es ist also sinnlos zu glauben, daß wir uns befreien oder isolieren könnten von dem Wirken Luzifers und Ahrimans, wie die führenden Wesenheiten dieser beiden Strömungen genannt werden.

Wer eine systematische innere Schulung durchmachen will, kann nicht umhin, mit ihrer Existenz konfrontiert zu werden. Deshalb muß dem Übenden bewußt sein, daß Denken, Fühlen und Wollen viel weniger »geschützt« sind, wenn die Seelenkräfte freigemacht werden. Die Gefahr einer Verstärkung der vorhandenen psychischen Einseitigkeiten wird damit erhöht. Es soll aber noch einmal darauf hingewiesen werden, daß dieses Problem nur akut werden kann, wenn das moralische Üben nicht mit genügender Energie durchgeführt wird.

Die Lotusblumen

Die inneren Wahrnehmungsorgane, die im Kapitel »Das meditative Üben« genannt worden sind und die schrittweise durch die Schulung der Gedanken, des Gefühls und des Willens sich ausbilden, haben in der indischen Yogatradition einen speziellen Namen bekommen, der dann von Vertretern anderer Schulungswege übernommen worden ist. Sie werden Lotusblumen oder Chakras (Räder) genannt.

Die Existenz dieser Wahrnehmungsorgane kann natürlich nicht durch irgendwelche äußere Untersuchungsmethoden festgestellt werden, die ausschließlich auf den physischen Körper und seine Funktionen ausgerichtet sind.

Aus Steiners Beschreibung geht hervor, daß sie eine gewisse

Ähnlichkeit haben mit Blumen oder Rädern. Aber auch diese bildhafte Umschreibung ist ebensowenig zutreffend, als wenn wir von »Nasenflügeln« oder von »Herzkammern« reden.

Die »Blätter« oder »Speichen« stellen im Grunde eine Art Strömungen dar, die von bestimmten Zentren im Innern des Menschen ausgehen. Bei einem Menschen, der keine geistige Schulung durchgemacht hat, sind die Lotusblumen in der Regel bewegungslos und treten nur undeutlich hervor.

Hat jemand aber die Fähigkeit, übersinnliche Realitäten wahrzunehmen, befinden sich diese »Organe« in Bewegung und weisen leuchtende Farben auf. In dem Buch »Wie erlangt man Erkenntnisse der höheren Welten?« heißt es:

»Wenn nun ein Geheimschüler mit seinen Übungen beginnt, so ist das erste, daß sich die Lotusblumen aufhellen; später beginnen sie sich zu drehen.«

Wenn auch die Lotusblumen keine physische Substanz haben, stehen sie doch in deutlicher Verbindung mit verschiedenen Körperteilen. Einige der Lotusblumen sind gewissermaßen mit der Bauchregion verwandt und haben die Beherrschung des Begierde- und Willenslebens zur Voraussetzung. Andere sind mit den rhythmischen Organen (Herz, Lungen usw.) verbunden und sind besonders von der Schulung des Gefühlslebens abhängig. Die in Relation zum Kopfe stehenden Lotusblumen werden vor allem durch das gedankenmäßige Üben entwickelt.

Die »zwölfblättrige« Lotusblume

Im Vorangehenden wurde ja geschildert, daß die sechs Nebenübungen mit einer Gedanken- und Willensübung eingeleitet werden, während die übrigen Übungen in hohem Grade auf die Pflege und Erziehung des Gefühlslebens ausgerichtet sind. Die letzten Übungen stellen ungleich höhere Anforderungen. Darin liegt auch der Schwerpunkt der moralischen Schulung. Wenn die sechs Nebenübungen genügend intensiv betrieben werden, tragen sie zur Ausbildung des Organes bei, das ein Zentrum in der Herzgegend hat. Man nennt es die zwölfblättrige Lotusblume.

In »Wie erlangt man Erkenntnisse der höheren Welten?« wird beschrieben, wie sich der Astralkörper des Menschen im Verlaufe der Zeiten verändert hat.

In uralten Zeiten waren sechs der »Blätter« der betreffenden

Lotusblume entwickelt. Mit der Zeit und der Entwicklung der Zivilisation sind sie passiv und unbeweglich geworden. Sie aktivieren sich aber mehr oder weniger von selber, wenn die übrigen sechs »Blätter« oder »Radspeichen« durch ein angemessenes inneres Üben sich entfalten.

Jede der sechs Eigenschaften, die durch die Nebenübungen ausgebildet werden, trägt also zur Entwicklung eines solchen Blattes bei.

Es mag einige Menschen überraschen oder sogar abstoßen, daß die Wirkungen eines moralischen Übens in solchen konkreten Bildern beschrieben werden können. Wem aber der Gedanke nicht mehr fremd ist, daß die Wirkungen der Nebenübungen sich in bestimmte Körperregionen einprägen, dem scheint diese Bildsprache ganz natürlich. Es ist auch sehr wichtig, immer in Erinnerung zu behalten, daß es sich nicht um »Blätter«, sondern um Strömungen handelt.

Eine innere Entwicklung darf nicht erzwungen werden

In Zusammenhang mit der Schilderung der »Lotusblumen« ist es angemessen, ein Problem zu erwähnen, das mit jedem inneren Üben verknüpft ist und das von jedem, der eine zielbewußte innere Schulung betreiben möchte, beachtet werden sollte. Es gibt Methoden, mit welchen die innere Entwicklung beschleunigt werden kann. Diese wurden in früheren Zeitepochen ausgebildet, als die Schulung immer unter Führung und Kontrolle kompetenter Lehrer stand. Der Lehrer wußte dann genau, welche Übungen der Entwicklung seines Schülers angemessen waren.

In unserer Zeit wird das autoritäre Verhältnis zwischen Lehrer und Schüler schrittweise durch andere Schulungsformen abgelöst. Diese Entwicklung ist zeitgemäß und notwendig, hat aber tiefgehende Konsequenzen, die unbedingt respektiert werden müssen.

Viele der hier beschriebenen Übungen werden heute durch Personen vermittelt, die nicht beurteilen können, wofür andere Menschen tatsächlich reif sind, oder sie werden durch Handbücher weitergegeben.

Wer mit solchen fortgeschrittenen Übungen anfängt, kann erreichen, daß die hier beschriebenen inneren Organe und

»Zentren« zu früh geweckt werden, d. h., bevor der Mensch imstande ist, die Folgen solcher tiefergehenden psychischen Veränderungen zu tragen.

Menschen, die nicht mit einer übersinnlichen Wirklichkeit rechnen, wird dieser Gedanke eigenartig erscheinen, die Möglichkeit solcher Komplikationen besteht aber ganz real. In »Wie erlangt man Erkenntnisse der höheren Welten?« warnt Steiner äußerst nachdrücklich vor Methoden, die Probleme dieser Art mit sich führen können. Einige Aspekte solcher Übungen und ihrer möglichen Wirkungen werden im Kapitel »Verschiedene Epochen und verschiedene Übungswege« gegeben. Ein charakteristischer Zug des anthroposophischen Schulungsweges ist, daß solche Gefahren vermieden werden. Dieser Schulungsweg beruht nämlich auf dem Prinzip, daß man mit Ruhe und Ausdauer das meditative und moralische Üben im Sinne der hier beschriebenen Methoden betreibt – und geduldig auf die Ergebnisse wartet, die dann »von selber« erscheinen. Die inneren Organe werden dann in einem Zeitmaß entwickelt, das der wirklichen seelischen Reife entspricht.

Wer auf diesen Weg – eventuell – zu bestimmten Geist-Erlebnissen gelangt, ist dafür innerlich gerüstet.

Geistige Forschung –
eine Möglichkeit

In den vorhergehenden Kapiteln wurden Beispiele von Erfahrungen dargestellt, die man »übersinnlich« nennen kann. Es wurde auch gezeigt, daß der anthroposophische Schulungsweg eine Möglichkeit bieten will, dieses Erkenntnisgebiet selber zu betreten. Damit ergibt sich eine entscheidende Frage, zu der bis jetzt noch nicht Stellung genommen wurde: Kann der hier beschriebene Übungsweg zu Erkenntnissen führen, die wissenschaftlich anerkannt werden können?

Steiner machte geltend, daß nicht nur seine Aussagen in bezug auf übersinnliche Wirklichkeiten, sondern auch seine Impulse für verschiedene praktische Gebiete – Pädagogik, Medizin, Landwirtschaft, Sozialwissenschaft, Kunst – auf wirklicher »geistiger Forschung« beruhten. Dieser Anspruch auf Wissenschaftlichkeit ist – begreiflicherweise – außerhalb der anthroposophischen Kreise selten oder nie akzeptiert worden.

Manche Menschen, die durch eigene Erfahrung die großen Anforderungen in bezug auf Genauigkeit, Systematik und intellektuelle Schärfe kennen, die von einem »echten« Wissenschaftler erfüllt werden müssen, regen sich auf, wenn sie hören, daß die Anthroposophie – die ihnen vielleicht wie ein Bündel phantastischer Spekulationen erscheint – als eine neuartige Form von Forschung bezeichnet werden möchte.

Die Frage der »Wissenschaftlichkeit« der Anthroposophie ist wohl eines der umstrittensten unter den Problemen, die in diesem Buche behandelt werden.

Wer vorurteilsfrei dieser Frage auf den Grund gehen will, sollte zuerst bedenken, daß ein bedeutender Teil der Erfahrungen, die die Anthroposophie beschreibt, von jedem normalen Menschen gemacht werden können. Dies gilt beispielsweise für einige grundlegende Einsichten über unser eigenes Denkvermögen.

Nehmen wir an, daß wir eine rote Kugel beobachten, die über einen Billardtisch rollt. Die Kugel stößt eine weiße Kugel an, setzt diese in Bewegung und ändert aufgrund des Zusammenstoßens ihre eigene Richtung.

Was sich hier abspielt, sind zwei verschiedene Prozesse. Der eine ist das Geschehnis auf dem Billardtisch. Er geht in der Sinnenwelt vor und ist von mir selber ganz unabhängig. Der andere Prozeß spielt sich in meinem Innern ab und kann nicht ohne mein eigenes Zutun stattfinden. Er besteht darin, daß ich über das beobachtete Phänomen nachdenke. Das Endergebnis kann sein, daß ich bis ins kleinste Detail »verstehe«, was auf dem Billardtisch vor sich geht.

Das Ereignis kann im Moment des Geschehens betrachtet werden. Das ist mit dem Denken nicht möglich. Es kann nicht gedacht und gleichzeitig das Denken beobachtet werden. Wohl aber kann im nachhinein der Gedankenprozeß überdacht werden. Es gibt nämlich nichts in der Welt, worüber zu einer so vollständigen Erkenntnis gelangt werden kann, wie über das eigene Denken. Alle anderen Beobachtungsobjekte, sowohl auf dem äußeren wie auf dem inneren Plan, sind in dem Sinne gegeben, daß sie, wenigstens zum größten Teil, ohne persönliches Mitwirken zustande kommen. Das Denken ist aber als Ganzes ein Resultat der eigenen inneren Aktivität.

Hätte der Mensch nicht die Fähigkeit des Denkens, müßte ihm die ganze Welt, wie sie sich in seinem Bewußtsein widerspiegelt, als ein totales Chaos erscheinen. Er würde sie als einen Wirrwarr von Farben, Bewegungen, Lauten, Wärme-, Geschmacks- und Geruchswahrnehmungen erleben. Im Anschluß an die Wahrnehmungen ergäben sich Lust- oder Unlustgefühle und hie und da die Veranlassung, dieses oder jenes zu tun. Aber *warum* diese Gefühle auftauchen oder die Handlungen ausgeführt würden, das wäre nicht bewußt.

Erlebte der Mensch die Welt auf diese Weise, könnte er beispielsweise die Begriffe »Ursache« und »Wirkung« nicht bilden. Diese Begriffe werden nur durch das eigene Denken gebildet. Das Denken hat also eine Spannweite, die über das Gebiet, worüber mit Hilfe der Sinneswahrnehmungen Kenntnisse erlangt werden können, hinausgeht. Es läßt sich auch beobachten, daß das, was den Menschen veranlaßt, verschiedene Begriffe miteinander zu verbinden – um beispielsweise das Geschehnis auf dem Billardtisch zu verstehen –, nicht Nervenprozesse im Gehirn sind, sondern der eigentliche Inhalt der Gedanken, die miteinander verbunden werden. Das Denken ist also nicht ein »Produkt« gehirnphysiologischen Verlaufes, sondern ein Produkt der eigenen inneren Aktivität.

Wir erinnern uns, daß der Hirnforscher Wilder Penfield eine Reihe von physiologischen Tatsachen nachgewiesen hat, die für diese Betrachtungsweise sprechen.

Das Denken als »Weltprozeß«

Ist also das Denken im ganzen ein Produkt der eigenen inneren Aktivität, so wäre es dennoch nicht richtig, es als einen »subjektiven« Prozeß zu beschreiben. Es ist gewiß wahr, daß wir alle immer wieder zu Fehlschlüssen gelangen, Fehlentscheidungen oder voreilige Urteile fällen. Die Tatsache aber, daß es sich so verhält, gibt uns nicht das Recht zu bezweifeln, daß die Möglichkeiten des Denkens uns ein korrektes Bild der Weltzusammenhänge geben können. Alle Denkfehler können früher oder später korrigiert werden. Ein unfehlbares Denken ist im Grunde nicht möglich.

Wollen wir durch eine sachliche Auseinandersetzung die prinzipielle Zuverlässigkeit des Denkvermögens in Frage stellen, haben wir kein anderes Hilfsmittel dazu als gerade die Fähigkeit, die wir eben anzweifeln. Wir können unsere Skepsis gegenüber dem Denken nicht begründen, ohne gleichzeitig Beweise zu liefern für das im Prinzip unbegrenzte Vertrauen, das wir zu seiner Kapazität hegen.

Damit können die Begriffe »subjektiv« und »objektiv« aus einer neuen Perspektive betrachtet werden. Es ist nur mit Hilfe des Denkens möglich, daß wir uns selber als Subjekt bezeichnen und uns den verschiedenen, um uns vorhandenen »Objekten« gegenüberstellen können.

Das Denken liegt mit anderen Worten »jenseits« von Subjekt und Objekt. Es bildet diese zwei Begriffe wie alle anderen Begriffe.

Sind wir jetzt so weit in unseren Betrachtungen gekommen, können wir eine andere wichtige Beobachtung machen. Wir können einsehen, daß das Denken nicht *nur* ein Prozeß ist, der sich in unserem eigenen Innern abspielt. Es ist als ein »Glied der Welt« zu betrachten.

Das Denken kommt mit der gleichen Notwendigkeit zustande wie die Blüte der Pflanze. Wohl können wir falsch denken, falls die Beobachtungen, die unseren Begriffen zugrunde liegen, unvollständig oder nicht sind oder falls wir unser Denken von Gefühlsstimmungen oder anderen unbefugten Umständen abhängig machen. Dies sagt aber – wie gerade hervorgehoben worden ist – nichts über das Denken als solches aus, sondern nur über den Bereich, in dem es sich abspielt.

Der Vergleich mit der Pflanze ist auch in anderer Hinsicht am Platze. Die Blume kann mißgestaltet werden, wenn sie nicht genug Wasser bekommt oder wenn die Luft oder die Erde ungeeignete Stoffe enthalten. Sind die Wachstumsbedingungen jedoch normal, wird die Blume sich in richtiger Weise entfalten. So ist es auch mit dem Denken. Es wird »richtig«, wenn sich die Prozesse ohne Störungen abspielen. Mit anderen Worten: das Denken ist gewiß ganz und gar unsere eigene Schöpfung, die Schöpfung findet aber in Zusammenklang mit der ganzen Weltordnung statt und ist ein Teil von dieser.

Die Begriffe als Zeugnisse einer »übersinnlichen« Welt

Daß das Denken ein Glied ist in einem objektiven Weltenprozeß, widerspricht nicht der Tatsache, daß die Begriffe, die im täglichen Leben benutzt werden, in der Regel stark gefärbt sind von persönlichen Erlebnissen.

Spreche ich beispielsweise vor Zuhörern über einen Löwen oder eine geometrische Figur, kann jeder in Gedanken ein »eigenes« Bild davon haben, alle verstehen aber ohne weiteres, was gemeint ist. Es gibt etwas, das allen Vorstellungen über ein Dreieck gemeinsam ist – nämlich der *Begriff* des Dreiecks.

Was ist nun eigentlich ein Begriff?

Jeder, der mit erkenntnistheoretischen Problemen in Berührung gekommen ist, weiß, daß diese Fragestellung zu den meist diskutierten in der Geschichte der Philosophie gehört. Weil die Begriffe im Gedankenaustausch der Menschen eine zentrale Rolle spielen, können wir im Grunde genommen nicht durchschauen, was sich wirklich in unseren zwischenmenschlichen Beziehungen abspielt, wenn man diese Frage übersieht. Viele Menschen neigen heute dazu, die Begriffe als Sprachphänomene zu betrachten.

Es gibt zahlreiche Philosophen mit einer ähnlichen Einstellung. Die Vertreter des logischen Empirismus, die seit 1920 eine vorherrschende Stellung innerhalb der modernen Philosophie bilden, haben ihre Forschungen in der Hauptsache darauf beschränkt, die Bedeutung von verschiedenen Wörtern und Sätzen darzustellen. Mit den üblichen logischen Analysen kommt man aber nicht zum eigentlichen Kern des Problems, das wir hier behandeln.

Bertrand Russell, der vielleicht bekannteste Vertreter des logischen Empirismus, hat in seiner Darstellung der Philosophie Platons eine prägnante Beschreibung gegeben von der Schwierigkeit, vor der wir stehen, wenn wir die Begriffe als rein sprachliche Phänomene auffassen wollen:

». . . wir können uns nicht in einer ausschließlich aus Eigennamen bestehenden Sprache ausdrücken, sondern brauchen auch allgemeine Wörter wie ›Mensch‹, ›Hund‹, ›Katze‹ oder, wenn nicht diese, so doch Beziehungswörter wie ›ähnlich‹, ›vorher‹ und so fort. Solche Worte sind nicht nur bedeutungslose Geräusche, und es ist kaum einzusehen, wie sie bedeutungsvoll sein sollten, wenn die Welt nur aus Einzeldingen bestünde, die durch Eigennamen bezeichnet werden. Vielleicht läßt sich dieses Argument irgendwie umgehen; jedenfalls stellt es ein prima-facie-Argument zugunsten der Universalien dar.« (Philosophie des Abendlandes, Wien 1978.)

Wer genügend intensiv das Denken *sowohl* als Schöpfung des Menschen *als auch* wie einen »Weltprozeß« erlebt hat, sieht möglicherweise – oder ahnt wenigstens – eine Lösung des Problems, das Russell hier beschreibt.

Unsere *Vorstellungen* über die Dinge sind gefärbt von unseren eigenen Erinnerungsbildern und sind damit etwas Individuelles, unsere *Begriffe* aber haben wir mit anderen gemeinsam.

Der Begriff des Dreiecks meint immer dasselbe, ganz gleich, wer ihn erlebt. Wir können diesen Begriff gedanklich umsetzen, weil wir alle an der gleichen objektiv vorhandenen Gedankenwelt, an der gleichen »übersinnlichen« Welt teilhaben.

Steiner als Philosoph

Was hier über das Denken gesagt wird, ist größtenteils dem Buch »Philosophie der Freiheit« (GA 4) entnommen, in dem Steiner seine erkenntnistheoretischen Betrachtungen zusammengefaßt hat und das 1893 erschienen ist.

Steiner hatte schon im 15. Lebensjahr damit angefangen, Kant zu studieren. Danach hatte er sich schrittweise die Werke führender Denker aus verschiedenen Zeitepochen erarbeitet.

Er verfaßte selber eine Reihe philosophischer Bücher, schrieb seine Doktorarbeit über ein erkenntnistheoretisches Thema und gab ein größeres Werk heraus über die Ideenentwicklung des 19. Jahrhunderts, das er später zu einer Übersicht über die ganze Geschichte der Philosophie erweiterte (»Die Rätsel der Philosophie«, 1914, GA 18).

Eine entscheidende Frage

Das erkenntnistheoretische Kardinalproblem, zu dem fast alle Philosophen immer wieder zurückgekehrt sind und das auch in diesem Kapitel gestreift wird, ist die Frage nach der wirklichen Natur der Begriffe.

Als Steiner die »Philosophie der Freiheit« schrieb, war er in seiner Entwicklung noch nicht so weit gekommen, daß er sich reif genug fühlte, mit seinen Erfahrungen der übersinnlichen Welt vor die Öffentlichkeit zu treten. Zu dieser Zeit sprach er statt dessen von einer »Gedankenwelt«, einer »ideellen Region«.

Nach eigener Angabe versuchte er aber schon gegen Ende des 19. Jahrhunderts, auf eine indirekte, aber doch deutliche Art, über grundlegende »geistige« Einsichten, zu denen er gekommen war, zu berichten. Zu diesen Schilderungen gehörte ganz zweifellos seine Beschreibung über die Begriffsbildungsprozesse.

Der Gedanke, daß unser Begriffsvermögen als eine Art Bestätigung der Existenz einer geistigen Welt gesehen werden könnte, mag naiv erscheinen und vielleicht nur ein mildes Lächeln bei den kritisch Gesinnten hervorrufen. Einer philosophisch gebildeten Person könnte der Gedanke sogar als Beweis der Unkenntnis erscheinen.

Die Frage aber nach der wirklichen Natur der Begriffe kann weder mit Hilfe von Kenntnissen noch durch Scharfsinn entschieden werden.

Ich hörte einmal zwei Fachleute diese Frage vor einem interessierten Publikum diskutieren. Beide waren Professoren der theoretischen Philosophie an zwei verschiedenen westlichen Universitäten. Sie kannten sich seit der Studienzeit, waren befreundet, hatten aber verschiedene Auffassungen über Rudolf Steiner als Philosoph. Der eine war anthroposophisch orientiert, der andere nicht.

An Steiner anschließend, meinte der eine, daß der Begriff »Tisch« alle denkbaren Tische der Welt umfasse. Er sprach demgemäß von einem »Etwas«, das universellen Charakter hat und das in einem Denken anwesend ist, sobald man den Begriff benütze. Der andere verneinte dies. Er sagte, daß die Übereinstimmung, die zwischen den Begriffen verschiedener Menschen vorhanden ist, rein formeller Natur ist und gar nichts mit einem reellen »Weltprozeß« zu tun hat. Sie diskutierten lange. Die Argumente waren ebenso gelehrt wie scharfsinnig; dennoch kamen sich die beiden nicht näher.

Eigentlich vertraten sie Auffassungen oder »Lebenseinstellungen«, die allgemein weit verbreitet sind. Dem einen scheint es natürlich, die Begriffe als eine Art Realität zu erleben. Wenn er – beispielsweise aus einer der anthroposophischen Schriften Steiners – erfährt, daß es für alle irdischen Erscheinungen »Urbilder« gibt und unsere Begriffe nur eine Art schattenhafte Widerspiegelungen dieser Urbilder sind, vermag er dies anzuerkennen und fühlt: »Das habe ich immer gedacht.«

Für viele, vielleicht die meisten Menschen aber ist das nicht möglich. Sie würden einen solchen Gedanken als ganz abwegig von sich weisen. Die eine Betrachtungsweise braucht aber weder »dümmer« noch »klüger« zu sein als die andere. Der Unterschied liegt ganz woanders.

Ein »leibfreies« Denken

Es gibt heute bereits viele Menschen, die den natürlichen Wunsch haben, Vorstellungen und Begriffe von übersinnlichen Phänomenen zu erlangen. Bei manchen ist dieses Bedürfnis sogar sehr ausgeprägt. Steiner führt dieses Phänomen darauf zurück, daß das Denken bei diesen Menschen nicht ganz an das Gehirn gefesselt ist. Sie haben, wenigstens bis zu einem gewissen Grad, die Fähigkeit, »leibfrei«, d. h. mit Hilfe des ätherischen Kraftfeldes, zu denken.

Ein leibfreies Denken muß nicht weniger scharf oder etwa nachlässiger sein als ein leibgebundenes. Es kommt einfach ganz anders zustande.

(Als im Vorangegangenen von einem »sinnlichkeitsfreien

Denken« die Rede war, handelte es sich im Grunde um das gleiche Phänomen – jedoch aus einer anderen Sicht.

In seinen Vorträgen und Schriften appelliert Steiner an das leibfreie Denken. Wer sich um ein solches Denken bemüht, trägt zur Umwandlung seines ätherischen Kraftfeldes bei. Er kann seine Gedankenklarheit und sein Urteilsvermögen bewahren und sich dennoch schrittweise von seinem physischen Körper lösen. Damit legt er den Grund zu einem »neuen Hellsehen« im Unterschied zum »alten Hellsehen«, das auch auf einem körperfreien Bewußtsein beruhte, aber noch nicht mit einer solchen Denkfähigkeit verbunden war.

Der Leser erlebt vielleicht diese Schilderung der zwei »Denkweisen« wie eine Art Beurteilung oder empfindet sie gar als überheblich. Es geht aber um Phänomene, die man sowohl bei sich selber als auch bei anderen beobachten kann. Die beiden Denkarten – körperfrei oder körpergebunden – existieren tatsächlich. Sie zu vergleichen bedeutet nicht, sie zu bewerten; ebensowenig, wie es ein Werturteil ist, beispielsweise den Unterschied zwischen glatten und gelockten Haaren festzustellen.

Wer konkrete Beispiele der übersinnlichen Erfahrungen im alltäglichen Leben sucht, findet die oben gegebene Beschreibung des körperfreien Denkens vielleicht sehr unbestimmt oder gar unklar. Es gibt aber auch Erlebnisse anderer Natur, die offensichtlicher sind, die auch bei ganz »gewöhnlichen« Menschen auftreten können, und die doch mit den hier geschilderten Erfahrungen verglichen werden können.

Andere Formen des körperfreien Denkens

Jemand, der lange und intensiv genug den anthroposophischen Übungsweg praktiziert, kann möglicherweise eine Erfahrung machen, die für ihn ganz neu ist, die aber auch unfehlbar ist. Er kann beispielsweise beim Einschlafen oder Aufwachen sich mit einem Teil seines Bewußtseins körperlos und in einen Raum versetzt fühlen, der nicht derselbe ist wie der, in dem sich sein Körper befindet. Ein solches Erlebnis muß nicht die Frucht irgendeiner Einbildung sein.

Der Übende hat durch wiederholte, gezielte innere Arbeit während kurzen Zeiten sein ganzes bewußtes Seelenleben auf einen streng abgegrenzten Meditationsstoff gerichtet. Weil die Aufmerksamkeit so stark konzentriert ist, wird sie stärker als während des ganzen übrigen Daseins, wo ja das Seelenleben durch die Vielfalt der Vorstellungen und Sinneswahrnehmungen immer mehr oder weniger »zerstreut« wird.

Wer intensiv meditiert, kann mit der Zeit feststellen, daß er während des eigentlichen Übens ein klareres Bewußtsein hat als im übrigen Leben.

Ein vergleichbarer Geisteszustand ist die vollständige Konzentration, die notwendig ist, um schwierige, abstrakte Denkprobleme – beispielsweise auf mathematischem Gebiet – zu bewältigen. Ein Bewußtsein dieser Art ermöglicht eine strenge Selbstkontrolle, die den Übenden mit der Zeit mit selbstverständlicher Gewohnheit besondere Situationen erleben läßt.

Wer ein solches Erlebnis hat, kann es bis zu dessen Entstehung zurückverfolgen. In welcher Phase des Erlebens er sich befindet, kann er mit der gleichen nüchternen und selbstkritischen Wachheit feststellen, mit der er beispielsweise an einem Maitag konstatieren kann, es sei keine Täuschung, daß die Knospen auf dem Kastanienbaum ausschlagen werden. In einem solchen erhöhten und hellwachen Bewußtseinszustand stellt sich nicht selten eine Art von bildhafter Wahrnehmung ein, die sonst nicht in Erscheinung tritt.

Das übersinnliche Erlebnis

Eine Reihe von Beispielen solcher Wahrnehmungen sind bereits gegeben worden. Moodys Patienten, Richard Wurmbrand, Charles Lindbergh, C. G. Jung, Jacques Lusseyran – sie alle sind Menschen, die Erlebnisse solcher Art gehabt und diese geschildert haben.

Den meisten dieser Erfahrungen ist gemeinsam, daß sie in ganz besonderen Situationen, in denen Leben auf dem Spiele stand, gemacht wurden.

Kommen entsprechende Erlebnisse hingegen als Frucht geistiger Schulung zustande, spielen sie sich oft in Situationen des alltäglichen, vielleicht sogar ruhigen Lebens ab. So kann es geschehen, daß der Übende sein »Lebenspanorama« schaut, auch wenn er sich gar nicht in Todesnähe befindet.

Die eigentliche Begegnung mit der übersinnlichen Wirklichkeit ist fast immer erschütternd. Ist der Mensch aber durch innere Schulung auf diese Begegnung vorbereitet, bekommt sie

138

eine Lebensfunktion, die weckend und stärkend wirkt. Daran ist das »echte« übersinnliche Erlebnis auch erkennbar. Es läßt sich identifizieren. Ein sicheres Kennzeichen wurde im Kapitel »Eine übersinnliche Wirklichkeit« gegeben.

Solche Erfahrungen gehen nicht spurlos am Menschen vorüber. Sie haben eine moralische Wirkung, die bestehenbleibt. Hat jemand ein solches Erlebnis gehabt, lebt er nicht so weiter, als wenn nichts geschehen wäre. Er verändert sich.

In der Regel ist die Veränderung durchaus »positiv«. Sie kann durch eine erhöhte Lebensfreude und gesteigerte Handlungskraft zum Ausdruck kommen. Es wird »bewußter« gelebt. Natürlich gibt es Ausnahmen von dieser Regel. Ihnen liegt aber wohl zumeist ein Mangel an innerer Vorbereitung zugrunde.

Halluzination oder nicht?

Die Frage nach dem Unterschied zwischen Halluzination und »wirklichen« übersinnlichen Erlebnissen wurde bereits behandelt. Sie soll hier noch von einem anderen Gesichtspunkt aus betrachtet werden. Man darf nicht vergessen, daß Halluzinationen, wie sie in der psychologischen und psychiatrischen Literatur geschildert werden, meistens das gemeinsam haben, daß sie auf rein physiologische Ursachen zurückzuführen sind: einen Krankheitszustand, eine Vergiftung, ein stark überreiztes Nervensystem und ähnliches. Sie entstehen also in solchen Situationen, in denen das Seelenleben von den körperlichen Funktionen abhängiger ist als sonst.

Die Phänomene, die ich hier zu schildern versucht habe, entstehen im Gegensatz dazu in Situationen, in denen das Seelenleben auf Zuständen beruht, die *weniger* abhängig sind vom physischen Körper als in den übrigen Zeiten des Daseins.

Sie spielen sich in einem psychischen Zustand ab, der völlig bewußt ist und deshalb eine genaue Selbstkontrolle erlaubt. Das Erlebnis kann also nicht mit intellektuellen Argumenten wegdiskutiert werden. Wer derartige Erfahrungen noch nicht gemacht hat, kann nicht wissen, worum es geht.

Die Art von Wahrnehmungen, die hier gemeint ist, sind fast immer bildhaft. Steiner nannte sie »Imaginationen« (lat. imago = Bild).

Visionsschilderungen in der Dichtkunst, in religiösen Urkunden und in anderen Dokumenten aus älteren und neueren Zeiten sind oft voll von Bildern, die durchaus in der physischen Welt angesiedelt sind: Meere, Wolken, Inseln, Schiffe, Wiesen, Blumen. Kommen Engelwesen, Götter oder Teufel vor, haben sie mehr oder weniger menschenähnliche Körperform.

Diese Schilderungen sind oft auf Mißtrauen und Spott gestoßen. Viele Menschen verstehen das »Irdische« in solchen Bildern als einen Beweis für das Illusorische. Ist der Visionär nicht ein bewußter Betrüger, so ist er – glauben viele – wenigstens das Opfer von Selbstbetrug.

Es soll nicht bestritten werden, daß viele angeblich »geistige« Erfahrungen auf Aberglaube, Selbstsuggestion oder reinem Schwindel beruhen. Dafür gibt es eine Menge Beispiele aus älteren und neueren Zeiten. Was ich hier behaupten möchte, ist nur, daß es neben diesen Pseudoerlebnissen *auch* »echte« übersinnliche Wahrnehmungen gibt.

Die »irdischen« Vorgänge in vielen der Visionsschilderungen mögen zuweilen als sehr naiv erscheinen. In einigen Fällen beruht das vielleicht darauf, daß die »Seher« der verschiedenen Zeitepochen keinen anderen Weg gefunden haben, sich auszudrücken. Sie haben ihre Visionen in einfache Bilder gekleidet, die an die Erfahrungen des physischen Lebens anknüpfen. Es gibt aber auch eine ganz andere Möglichkeit: daß die Visionen tatsächlich auch solche Erfahrungen enthalten haben!

Steiner betont mit Nachdruck, daß Imaginationen subjektiv sind. Was der Mensch in der physischen Welt erlebt, taucht in den Imaginationen wieder auf – und dies ist tatsächlich kein Beweis dafür, daß sie ganz und gar unwirklich sind. Die irdischen Bilder können gleichsam dazu dienen, sich gegen eine innere Realität zu schützen, die sonst, wenn sie unmittelbar erlebt würde, geradezu überwältigend wirken könnte. Das imaginative Erlebnis kann als ein unbewußtes Streben betrachtet werden, sich vor dem Unbekannten, durch Hinstellen des Bekannten als verteidigende Hülle, zu wehren.

In seinem Buch »Die Schwelle der geistigen Welt« (GA 17) hebt Steiner hervor:

»Man könnte sogar sagen, diese Bilder seien zunächst wie ein Vorhang, welchen sich die Seele vor die übersinnliche Welt zieht, wenn sie sich von derselben berührt fühlt.«

Der Inhalt der Imaginationen

Daß Imaginationen mit der Zeit als Folge einer inneren Schulung auftreten, ist an und für sich ganz natürlich. Ein Üben, das genug intensiv betrieben wird, führt früher oder später dazu, daß der Astralleib und später auch der Ätherleib eine veränderte Struktur bekommen. Sie verdichten sich und werden dadurch leichter zu »entdecken«.

Was im Grunde genommen hinter den ersten imaginativen Erlebnissen steht, sind fast immer Phänomene und Abläufe, die sich im Innern des Menschen abspielen. Erlebt der Mensch sein Lebenspanorama, nimmt er also seinen eigenen Ätherleib wahr. Die drei Gestalten, die sich dem Professor Capesius in Steiners Mysteriendramen zeigen, sind seine eigenen drei Seelenkräfte.

In einem anderen imaginativen Erlebnis, das häufig auftritt, glaubt der Mensch einer mehr oder weniger seltsam geformten, vielleicht sogar schreckenerregenden Tiergestalt zu begegnen, welche ihn möglicherweise sogar angreift. Die Gestalt ist aber vielleicht nur eine Projektion von Wünschen, Trieben oder Begierden, die in seinem eigenen Astralleib vorhanden sind und die sich durchaus auf irgendein Objekt in der physischen Außenwelt beziehen. Die »Attacke« auf den Menschen selbst kann also scheinbar sein und sich in Wahrheit gegen etwas außer ihm Befindliches richten. Sympathien, Antipathien, Wünsche und Triebe färben sich darüber hinaus an inneren Erlebnissen ab, so daß diese wie etwas ganz anderes »aussehen«. Es kann aber auch vorkommen, daß die inneren Erlebnisse eines Menschen eine Veränderung erfahren durch die Deutung, die er selbst ihnen gibt. Alle diese fein differenzierten Nuancen müssen bei der Beurteilung mit in Betracht gezogen werden. So ist es doch besser, so interessant die Imaginationen auch scheinen mögen, dem Bildinhalt nicht allzu große Bedeutung beizumessen.

Wer dies klar durchschaut, wird natürlich vorsichtig werden in der Beurteilung von Erlebnissen, die ihm selbst oder anderen Menschen zugekommen sind.

In »Wie erlangt man Erkenntnisse der höheren Welten?« wird dies in die folgende Formulierung gebracht:

»Verstehe über deine geistigen Gesichte zu *schweigen*. Ja, schweige sogar vor dir selber darüber. Versuche nicht, was du im Geiste erschaust, in Worte zu kleiden oder mit dem ungeschickten Verstande zu ergrübeln. Gib dich unbefangen deiner geistigen Anschauung hin, und störe sie dir nicht durch vieles Nachdenken darüber. Denn du mußt bedenken, daß dein Nachdenken anfangs ganz und gar nicht deinem Schauen gewachsen ist. Dieses Nachdenken hast du dir in deinem bisherigen, bloß auf die physisch-sinnliche Welt beschränkten Leben erworben; und was du dir jetzt erwirbst, geht darüber hinaus. Suche also nicht, an das neue Höhere den Maßstab des alten anzulegen. Nur wer schon einige Festigkeit hat im Beobachten innerer Erfahrungen, der kann darüber reden, um durch solches Reden seine Mitmenschen anzuregen.«

Imaginative Erlebnisse sind nicht selten

Es wird oft die Frage gestellt, ob und in welchem Maß Steiners Schüler die gleichen Erfahrungen gemacht haben wie er.

Diese Frage ist sehr schwer zu beantworten.

Manche Zeichen sprechen heute dafür, daß imaginative Erlebnisse nunmehr ziemlich häufig auftreten. Solche Eindrücke können ein Grund dafür sein, eine geistige Schulung zu beginnen. Sie können auch als Folge auftreten von den Übungen, die praktiziert werden.

Ganz gewiß gibt es unter denjenigen, die in unserem Jahrhundert den von Rudolf Steiner empfohlenen Übungsweg beschritten haben, eine Reihe von Menschen, die tiefgehende Erfahrungen dieser Art durchlebt haben. Sie sind aber aus den hier angegebenen Gründen oft sehr schweigsam in bezug auf ihre inneren Erlebnisse. Sie sprechen davon nur, wenn ein wirklicher Anlaß gegeben ist. Unter ihnen befinden sich Dichter, die es vorgezogen haben, ihre »Schauungen« in künstlerischer Form zum Ausdruck zu bringen. Sie waren der Überzeugung, daß die gewöhnliche Alltagssprache der inneren Größe wirklicher Geist-Erlebnisse gar nicht gewachsen ist.

Wer die hier beschriebenen Hintergründe berücksichtigt, wird sich nicht verwundern, wenn er Menschen begegnet, die sich in Gesprächen, Vorträgen oder Büchern überwiegend auf

Aussagen Rudolf Steiners berufen und die ungern oder wenigstens nur sehr vorsichtig auf die Frage eingehen, inwiefern sie nun selber den Inhalt seiner Mitteilungen durch eigenes Wahrnehmen hätten nachprüfen können.

Die häufig erkennbare Behutsamkeit im Besprechen übersinnlicher Phänomene darf aber nicht dahingehend verstanden werden, daß »man« nicht wissen kann, ob es solche Phänomene wirklich gibt oder nicht. Ein wirkliches »leibfreies« Erlebnis wird sich in der Regel scharf abheben von den Sinneserfahrungen, die im gewöhnlichen Bewußtseinszustand gemacht werden.

Wer mit der imaginativen Sphäre in unmittelbare Berührung gekommen ist, *weiß*, daß es eine übersinnliche Existenzform gibt. Damit hat er erweiterte Möglichkeiten, zu den von Steiner besprochenen Grundfragen Stellung zu nehmen.

Sich über die Stufe des imaginativen Erlebens zu erheben und Geist-Erkenntnisse einer mehr objektiven Art zu erreichen, ist aber bedeutend schwieriger.

Von Imagination zu »Inspiration«

Wer über den imaginativen Bereich hinausgelangen will, muß, gemäß Steiner, seine Imaginationen »opfern«, d. h. sie auslöschen. Dazu ist eine enorme Anstrengung nötig.

Wem es gelingt, der erlebt zunächst eine totale innere Leere. Danach treten Eindrücke ganz neuer Art hervor.

Ein konkretes Beispiel soll zeigen, was hier gemeint ist. In einem Vortrag vom 9. 9. 1922 (GA 215) hat Steiner ziemlich ausführlich geschildert, was geschieht, wenn ein Mensch eine Imagination auslöscht, nämlich diejenige des Lebenspanoramas:

»Und in diesem Moment, wo man dazu stark genug ist, lebt man in einem Bewußtsein, das nicht mehr vor sich hat den physischen Organismus, nicht mehr vor sich hat den ätherischen Organismus ... Was dann durch diesen höheren Grad der Inspiration auftritt, das ist der Zustand der Seele, in welchem sie war in einer geistig-seelischen Welt, bevor sie durch die Empfängnis, durch das embryonale Leben, durch die Geburt herabgestiegen ist in einen menschlichen physischen Organismus. Man gelangt also auf diese Weise zu einer Anschauung des voridischen Daseins der Menschenseele.«

Wer eine solche Erfahrung macht, fühlt sich »hineingeflochten in die schaffenden Weltenkräfte« und erlebt diese wie »tönend«. Damit tritt er in eine rein geistige Welt ein. Er weiß: In jener Welt ist er selber und sind alle anderen Menschen vor der Geburt gewesen, und in diese Welt kehrt er zurück nach dem Tode. Er hat damit die Stufe der Erkenntnis erreicht, die Steiner inspirativ nennt.

Wer eine Imagination empfängt, kann verglichen werden mit einem Analphabeten, der einen Brief bekommen hat. Wer eine inspirative Wahrnehmung hat, kann verglichen werden mit einem Menschen, der das Lesen gelernt hat. Aber die »Schrift«, um die es hier geht, wird auf eine andere Art erlebt als im physischen Dasein. Die verschiedenen »Zeichen« stammen von übersinnlichen Wesen und sind Ausdrucksmittel, durch die sie sich den Menschen ankünden, die ihre »Sprache« kennengelernt haben. Die Erlangung inspirativer Kenntnisse wird deswegen manchmal »ein Lesen der verborgenen Schrift« genannt.

Von Inspiration zu »Intuition«

Eine vollständige, ganz unmittelbare Kenntnis der übersinnlichen Wirklichkeiten kann nur erreicht werden von dem, der nun noch einen Schritt weitergeht auf dem inneren Schulungsweg.

Der Übende muß, wenn er diesen Schritt machen will, sogar die mächtigen inneren Erlebnisse bewußt unterdrücken, die er durch die Inspiration hat. Was nach einem solchen erneuten »Auslöschen« in seinem, im übrigen ganz leeren Bewußtsein auftritt, kann durch energisches, zielbewußtes Üben zu einer »intuitiven« Erkenntnisfähigkeit ausgebildet werden.

Wie aus dem Zusammenhang hervorgeht, benützt Steiner die Ausdrücke »Inspiration« und »Intuition« anders, als sie sonst verwendet werden. Auf die Frage, warum er gerade diese Bezeichnungen gewählt hat, soll hier nicht eingegangen werden.

Wer eine inspirative Erfahrung macht, kann verglichen werden mit jemandem, der einen Brief lesen kann und den Absender kennt – aber nur durch die Korrespondenz.

Wer die »intuitive« Fähigkeit entwickelt hat, steht ihm – das heißt einem übersinnlichen Wesen – von Angesicht zu Angesicht gegenüber. Doch erfährt dieses Erlebnis noch eine Steigerung. Im intuitiven Erkenntnisakt, der sich in vollkommener

Freimachung vom physischen Körper und in einem Bewußtseinszustand von höchster Klarheit abspielt, wird das innere Wesen des Menschen eins mit dem Objekt seiner Beobachtung. Im Objekt gibt es nichts mehr, das für den Beobachter undurchschaubar ist, und in seiner eigenen Wahrnehmung gibt es nichts, das ihm ein falsches Bild von den Erfahrungen, die er macht, geben könnte. Er kann jetzt mit voller, endgültiger Sicherheit zwischen Illusion und Wirklichkeit in den übersinnlichen Welten unterscheiden.

Die Anthroposophie als »geistige Forschung«

Wenn ein übender Mensch die Stufe der Intuition erreicht hat, führt er im Prinzip das gleiche durch wie ein Forscher in seinem Laboratorium, der durch ständiges Anpassen seiner Versuchsanordnungen mit der Zeit die Fehler ausmerzt, die auf seine Experimente Einfluß haben.

Dieser grundlegende Vergleich mit den vorherrschenden wissenschaftlichen Forschungsmethoden hat Steiner dazu veranlaßt, die Anthroposophie als eine Form von »geistiger Forschung« zu bezeichnen.

Soll eine von einem Forscher gemachte Beobachtung als wissenschaftlich anerkannt werden, muß sie gemäß allgemeiner Auffassung reproduzierbar sein. Das bedeutet, daß ein anderer Forscher, der dieselbe Untersuchung unter gleichen Bedingungen durchführt, im Prinzip zum gleichen Ergebnis kommen muß.

Gibt es nun andere Beobachter, die die gleichen Endergebnisse erreicht haben wie Steiner?

Aus Gründen, die oben angeführt sind, ist es schwierig, diese Frage eindeutig zu beantworten. Die Erfahrungen aber, die in diesem Buch mitgeteilt werden, weisen darauf hin, daß ein Mensch, der aus irgendeinem Grund in einen »körperfreien« Bewußtseinszustand versetzt wird, »übersinnliche« Wahrnehmungen hat – gleicher Art wie von Steiner geschildert. Dies gilt unter anderem für Menschen, die in Todesgefahr ihr Lebenspanorama erleben. Hier haben wir es mit einem Phänomen zu tun, das sich in hohem Grade als reproduzierbar erweist. Die Schau des Lebenspanoramas ist identisch mit dem Wahrnehmen des eigenen ätherischen Kraftfeldes. Mit diesem Phänomen als Ausgangspunkt ist es möglich zu beschreiben, wie das übersinnliche Erlebnis zustande kommt. So ist die Frage berechtigt, warum Steiners Beschreibungen, eben auf diesen Punkt bezogen, von seiten der Hochschulforscher nicht mehr Aufmerksamkeit zuteil wurde. Wird über den wissenschaftlichen Gehalt von Steiners Aussagen diskutiert, werden häufig einige Zitate über »Astralleib«, »übersinnliche Wesen« oder die verschiedenen Inkarnationen des Menschen angeführt. Derartige Aussagen, die somit aus ihrem Zusammenhang gerissen und unmittelbar dahingestellt werden, können kein klares Bild über die anthroposophische Geistesforschung abgeben. Vor einer Beurteilung ihrer Ergebnisse sollte von dem auch sonst selbstverständlichen Ansatzpunkt ausgegangen werden, die angewandte Methodik zunächst einmal einer Prüfung zu unterziehen. Erst dann ist ein Urteil zulässig.

Es gibt wohl keinen Psychologen, Psychiater oder Neurologen, der eine allgemein akzeptierte Beschreibung der Bedingungen, unter welchen »außersinnliche« Wahrnehmungen zustande kommen, gegeben hat. Dabei ist diese Frage heute von größter Aktualität. Sie konnte auch von der parapsychologischen Forschung bisher nicht überzeugend beantwortet werden. Diese hat vielmehr auf manche Irrwege geführt.

Beispiele der Parapsychologie

Die moderne Parapsychologie ist ganz darauf ausgerichtet, physische Beweise für die Existenz außersinnlicher Wahrnehmungen (extrasensorial perception, ESP) zu geben. Einige Wissenschaftler (Lodge, Myers, Hodgson, Price u. a.) haben »Botschaften« studiert, die von verschiedenen Medien gegeben worden sind. Viele Bluffs sind dabei enthüllt worden, einige Phänomene waren aber zweifellos »echt«. Bei diesen Versuchen werden zum Beispiel Medien in Trance, d. h. in einen traumartigen Bewußtseinszustand, versetzt. Oder der Kontakt mit der »Geisterwelt« wird durch »automatische Schrift« gesucht. Manche Botschaften, die auf solche oder ähnliche Weise erhalten wurden, können Aussagen enthalten, die sich durch äußere Mittel kontrollieren lassen. Sie konnten beispielsweise Tatsachen und Erinnerungsbilder, wenigstens in der Hauptsache, nur einer bestimmten, verstorbenen Person und sonst niemandem bekannt sein.

Es kann vorkommen, daß bei Medien, die sich an ganz verschiedenen Orten aufhalten, undeutliche Andeutungen und

Bruchstücke von Mitteilungen auftreten, die Anklänge an die klassische Geschichte oder Mythologie aufweisen. Erst wenn die Mitteilungen der verschiedenen Medien zusammen betrachtet werden, ergibt sich ein Sinn daraus. Die Forscher erkannten, daß es eine Art gemeinsames Muster in den Fragmenten gab. Wie dieses aber entstanden war, blieb unbekannt. Solche »Muster« sind in gewissen Fällen von Medien vermittelt worden, die in drei verschiedenen Erdteilen wohnten und ganz unabhängig voneinander lebten und arbeiteten.

Eine Reihe von Forschern (Rhine, Pearce, Pratt, Carrington u. a.) haben die Fähigkeit »normaler« Menschen untersucht, fünf verschiedene Karten, welche verdeckt vor ihnen auf einem Tisch lagen, richtig zu bezeichnen. Einige der Experimente wurden so vorgenommen, daß die Versuchspersonen nicht einmal die Rückseite der Karten sehen konnten und auch keine Kontaktmöglichkeiten zu der Person hatten, welche den Versuch vornahm. Bei all diesen Experimenten, die teilweise auch über längere Zeit und unter strengster Kontrolle durchgeführt wurden, zeigte sich, daß gewisse Personen unvergleichbar häufiger die richtigen Resultate erzielten, als es nach der Wahrscheinlichkeitsrechnung anzunehmen war (Harald Schjelderup, »Den dolda människan« – Der verborgene Mensch).

Die Parapsychologen hatten zunächst ungeheure Widerstände zu überwinden. Immer mehr Forscher sahen sich jedoch gezwungen, zuzugeben, daß die Untersuchungsmethoden in einigen Fällen alle gestellten Forderungen auf wissenschaftliche Genauigkeit erfüllt haben. Der britische Psychologe H. J. Eysenck – der selbst eine entschieden »reduktionistische« Menschenauffassung vertritt – schreibt in »Sense and Nonsens in Psychology«:

»Wenn nicht eine gigantische Verschwörung besteht, an der über dreißig Universitätsfakultäten auf der ganzen Welt und mehrere hundert angesehene Wissenschaftler auf den verschiedensten Gebieten beteiligt sind, von denen viele den Behauptungen der parapsychologischen Forscher ursprünglich ablehnend gegenüberstanden, so kann der unvoreingenommene Beobachter nur zu dem Schluß kommen, daß tatsächlich eine kleine Anzahl von Personen existiert, die mit bis jetzt noch nicht wissenschaftlich erforschten Mitteln Kenntnis von Dingen erhalten, die entweder im Kopf anderer Leute oder in der Außenwelt vorgehen.«

Eysencks Feststellung trifft den eigentlichen Kern eines Problems, das die moderne Parapsychologie aufgeworfen hat: daß es nachweisbar bei einigen Menschen »unbekannte Fähigkeiten« gibt. Was diese Fähigkeiten eigentlich sind, wird jedoch als unerforscht angesehen.

Die Versuchspersonen, die sich zur Verfügung gestellt haben, können aus natürlichen Gründen nicht beschreiben, *was* sie eigentlich erleben, weil sich das Ganze auf einem unbewußten Niveau abspielt. Der Versuchsleiter kann es auch nicht. Er ist derjenige, der registriert und die Resultate auswertet; es wird aber vorausgesetzt, daß er nur seine »gewöhnliche« Erkenntnisfähigkeit benützt.

»Altes« und »neues« Hellsehen

Die Anthroposophie geht einen ganz anderen Weg. Hier sind der »Versuchsleiter« und die »Versuchsperson« – wenn dieser Ausdruck erlaubt ist – miteinander identisch. Die übersinnlichen Wahrnehmungen, die zustande kommen, werden bei vollem und klarem Tagesbewußtsein erlebt, was eine kritische Analyse und Sichtung des Erfahrenen ermöglicht.

Ein solches ganz und gar bewußtes Erkenntnisvermögen bezeichnet Steiner als eine »neue« Form von Hellsehen. Es kann nur durch innere Schulung erreicht werden oder – in einigen seltenen Fällen – durch Lebenserfahrungen, die in gewisser Art eine innere Schulung ersetzen (vgl. beispielsweise Lusseyrans Erfahrungen). Dieses Erkenntnisvermögen unterscheidet sich in vieler Hinsicht grundlegend vom »natürlichen« Hellsehen, das in der Antike nicht ungewöhnlich war und das sich beispielsweise in der Fähigkeit des Gedankenlesens oder in der Aufnahme von Botschaften aus der geistigen Welt änderte.

Zahlreiche Dokumente aus dem Altertum erzählen von Menschen, die in irgendeiner Form eine solche Veranlagung gehabt haben: Sibyllen, Propheten und andere »Seher« oder »Seherinnen«. Die Fähigkeit des »alten Hellsehens« beruhte nach Steiner darauf, »... daß der Ätherleib noch nicht ganz im physischen Leibe drinnen war in bezug auf den Kopf, und daß von allen Seiten Ströme hineingingen in den Kopf und diesem Ätherleib die Fähigkeit des Hellsehens gaben. Nun kam die Zeit, da sich der Ätherleib hineinzog in den physischen Leib. Da riß sich der Ätherleib in einer gewissen Weise – nicht ganz – von diesen Strömungen los« (Vortrag vom 5.7.1909, GA 112).

Charakteristisch bei Menschen mit einem solchen Hellsehen ist die Tatsache, daß sie nicht immer mit voller Sicherheit sagen können, wann ihre Erlebnisse »echt« sind und wann nicht. Hier sollen zwei repräsentative Beispiele aus unserer Zeit folgen.

Einer der bekanntesten »Hellseher« in der späteren Geschichte Norwegens ist der »Flöttumgutten« (»Flöttumbub«), der zu Beginn dieses Jahrhunderts lebte. Sein richtiger Name war Johan Flöttum. Seine Aussagen waren immer außerordentlich konkret. Er wurde oft zu Hilfe gerufen, um vermißte Personen zu suchen. In einigen Fällen konnte er genau den Ort angeben, wo ein Toter lag, in anderen Situationen irrte er völlig.

Die berühmte amerikanische »Weissagerin« Jeane Dixon veröffentlichte eine große Anzahl von Voraussagen, die später eintrafen. Sie sagte u. a. den Mord an Präsident J. F. Kennedy 1963 und den Sturz Chruschtschows 1964 voraus. Andererseits behauptete sie auch (irrtümlicherweise), daß China im Oktober 1958 die Welt in einen Krieg stürzen würde wegen der Inseln Quemoy und Matsu, sowie daß Alexander Douglas Home die Wahlen in England von 1964 gewinnen würde.

Aus beiden Fällen geht deutlich hervor, daß die »richtigen« Aussagen mit der gleichen Überzeugung gemacht wurden wie die »unrichtigen« und daß sie aus Situationen gleicher Art zustande gekommen waren.

Bei den parapsychologischen Untersuchungen treten entsprechende Phänomene auf. Die Medien, die »in Trance« gegangen sind, haben nach dem Erwachen oft überhaupt keine Erinnerung an das Erlebte. Personen, die beispielsweise an »Kartenrateexperimenten« teilgenommen haben, sagen in der Regel, daß sie nicht unterscheiden können zwischen den Situationen, in welchen sie »Volltreffer« erzielten und solchen, in denen sie fehlgingen.

Es scheint wahrscheinlich, daß die Fähigkeiten zu »außersinnlicher Wahrnehmung«, die die Parapsychologen festgestellt haben, in der Regel mit dem »alten Hellsehen« verwandt sind, und daß dies der Grund ist, warum die Phänomene nicht auf eine vielfältige Weise ausgewertet werden können.

Auf der Grundlage der vorangegangenen Ausführungen darf geltend gemacht werden, daß der anthroposophische Erkenntnisweg zu einer Form von »geistiger Schulung« führen kann, die besser als die heutige Parapsychologie dazu angetan ist, die Frage nach der Entstehung und der wirklichen Natur außersinnlicher Wahrnehmung zu beantworten.

Verschiedene Epochen –
verschiedene Übungswege

Es wird oft gefragt, wie sich die Anthroposophie im Vergleich zu anderen älteren und neueren Übungswegen verhält, insbesondere zu den verschiedenen Yogaschulen in Ost und West.

Diese Fragen sind sehr umfassend. Auf dem begrenzten Raum, der in diesem Buche zur Verfügung steht, ist es nicht möglich, eine vollständige Antwort zu geben.

Es soll aber auf einige Strömungen hingewiesen werden, mit denen die Anthroposophie verglichen werden kann. Es sind vor allem »Schulungssysteme«, die eine wesentliche Rolle in der Menschheitsgeschichte gespielt haben: die antiken Mysterienschulen einerseits und einige Yogaschulen andererseits.

Ein historischer Aspekt

Weil bewußte übersinnliche Erfahrungen voraussetzen, daß das ätherische Kraftfeld bis zu einem gewissen Grad vom physischen Körper gelöst ist, können wir davon ausgehen, daß eine solche Lockerung immer als ein Hauptziel des geistigen Übens gegolten hat.

Die Bedingungen für einen inneren Entwicklungsprozeß dieser Art sind aber im Lauf der Geschichte sehr verschieden gewesen.

Während des Altertums besaßen noch viele Menschen die Fähigkeit des »alten Hellsehens«. Sie fühlten sich – auf eine mehr oder weniger traumartige Weise – verbunden mit Gotteswesen, die ihre Wohnung in himmlischen Sphären hatten, und mit Naturwesen, die auf der Erde beheimatet waren und in Wind und Wetter, in Quellen, Flüssen, Seen und Meeren, in Steinen und Bergen, in Pflanzen, Bäumen und Wäldern wirkten. Auf diesem Hintergrund gesehen, kann uns verständlich werden, warum die Lebensrätsel und Erkenntnisfragen dieser Menschen in so hohem Maße mit Mythen und Sagen beantwortet werden konnten. Götter und »Elementarwesen« standen ihnen noch nahe. Sie wurden als Wirklichkeiten erlebt, nicht nur als Phantasiegestalten. Es gibt eine Menge historischer Dokumente, die von Wahrträumen und anderen visionären Erlebnissen erzählen und die durchaus glaubwürdig erscheinen.

So kann gesagt werden, daß es im Altertum in der Regel einfacher war, eine »ätherische Lockerung« zu erreichen als in späteren Zeiten, und daß es schon damals höchst verschiedene Wege gab, die eine solche Verbindung mit den übersinnlichen Welten erleichterten. Manche Menschen richteten ihre Kraft darauf, das alte, instinktive Hellsehen zu bewahren und, wenn möglich, zu verstärken. Wir hören von Sibyllen, Wahrsagern, Zeichendeutern und anderen Personen, die bestimmte Lebensregeln einhielten und nicht selten in einer gewissen Abgeschiedenheit lebten. Sie empfingen ihre Offenbarungen, wenn »der Geist sie überkam« und hatten bei diesen Gelegenheiten in der Regel nicht die Möglichkeit, das normale Tagesbewußtsein beizubehalten. Die Begegnung mit der übersinnlichen Welt überwältigte sie, und sie wurden gezwungen, »in Trance zu gehen«. Die Schilderungen ihrer Verhaltensweisen zeigen viele Ähnlichkeiten mit den Berichten, die über heutige Medien vorliegen.

Solche Menschen dagegen, die ein Hellsehen erreichen wollten, das unter der eigenen Kontrolle stand und ein ungetrübtes Bewußtsein ermöglichte, mußten einen ganz anderen Weg gehen. Sie hatten eine geistige Schulung mitzumachen, die bewirkte, daß ihr Ätherleib sich nicht lockerte, bevor er eine vollständige Verwandlung durchgemacht hatte.

Die Umwandlung des Ätherleibes

Die sogenannte inspirative Erkenntnis, wie sie oben beschrieben worden ist, tritt nur auf, wenn das ätherische Kraftfeld durch inneres Üben eine tiefgehende Veränderung durchgemacht hat.

In »Wie erlangt man Erkenntnisse der höheren Welten?« wird ausführlich geschildert, wie das meditative und moralische Üben, wodurch die Lotusblumen im Astralleib sich herausbilden, schrittweise auch dazu führt, daß der Mensch einen Ätherleib bekommt, der durch eine Art Netzwerk von neugebildeten Strömungen und Strukturen unter seine eigene bewußte Kontrolle gestellt wird. Ein Mensch, der diese Entwicklungsstufe erreicht hat, kann die »Lage« des Ätherleibes verändern und damit das übersinnliche Wahrnehmen hervorrufen oder abbrechen. Und die übersinnlichen Phänomene, die er jetzt wahrnehmen kann, stellen sich ihm als »tönend« dar. Damit hat er die Fähigkeit erreicht, »die verborgene Schrift zu lesen«, wie oben geschildert worden ist.

Wir wissen nicht viel über die Übungen, wie sie beispielsweise im alten Ägypten oder Griechenland angewandt wurden, um eine solche innere Umwandlung hervorzurufen. Man kann davon ausgehen, daß eine mehr oder weniger asketische Lebensweise und eine regelmäßige Teilnahme an religiösen Riten und Opfern eine wichtige Rolle in der Ausbildung gespielt haben.

Die Schulung, die innerhalb des im 6. Jahrhundert v. Chr. gegründeten Pythagoreischen Ordens betrieben wurde, ist der Nachwelt aber wenigstens teilweise bekannt. Ihr lagen unter anderem Studien in Geometrie, Mathematik und Astronomie zugrunde. Was Pythagoras und seine Nachfolger über die »Sphärenharmonie« berichten, kann als Zeugnis der lebendigen Erfahrung inspirativer Erkenntnis angesehen werden.

Die »Mysterienschulen« des Altertums waren in der Regel an abgeschiedene Orte verlegt und wurden von Priestern geleitet. Wenn diese sahen, daß einer der Schüler weit genug gekommen war in seiner inneren Entwicklung, durfte dieser an der Zeremonie, die »Einweihung« oder »Initiation« genannt wurde, teilnehmen. Dies bedeutete, daß die endgültige Umwandlung des Ätherleibes im Laufe von wenigen Tagen stattfand.

Die Einweihung im Altertum

Der Initiationsritus der Antike ist ein Motiv, zu dem Steiner in seinen Büchern immer wieder zurückkehrt. Eine der ausführlichsten Beschreibungen ist in seiner Vortragsserie über das Johannesevangelium, gehalten in Hamburg 1908 (GA 103). Dort wird geschildert, wie der Schüler durch seine Schulung eine innere Reinigung durchzumachen hatte, eine »Katharsis«, die zur Ausbildung der Lotusblumen im Astralleib führte. Danach wurde durch rituelle Handlungen eine vollkommene ätherische Lockerung hervorgerufen, wobei der Schüler in einen todesähnlichen Schlaf versetzt wurde. »Jetzt war der Ätherleib befreit von den Kräften des physischen Leibes, die auf ihn wirken. Man hatte jetzt sozusagen den Ätherleib elastisch und plastisch, und wenn man jetzt in ihn hineinsenkte, was im astralischen Leibe an Sinnesorganen ausgebildet war, dann erhielt der Ätherleib einen Abdruck des ganzen Astralleibes« (31. 5. 1908).

Die Einweihungszeremonie dauerte etwa drei Tage. Sie wurde von einem Kreis von Priestern überwacht und endete damit, daß der geistige Führer, der »Hierophant«, den Schüler in den physischen Körper zurückrief. Nun durfte der Wiedererweckte in ritueller Form den Priestern erzählen, was er während dieser Zeit des Verbundenseins mit der übersinnlichen Welt erlebt hatte.

Vieles weist darauf hin, daß während des Altertums solche Einweihungen stattgefunden haben. In einer Reihe von antiken Gebäuden, die religiösen Zwecken dienten, hat man Steinsarkophage gefunden, die offenbar zur Aufnahme menschlicher Körper angefertigt waren, von denen man aber annehmen muß, daß sie nicht in Zusammenhang mit gewöhnlichen Begräbnissen verwendet wurden.

Eines der anschaulichsten Beispiele ist der Granitsarkophag in der Königskammer der Cheopspyramide in Ägypten. Der versiegelte Luftschacht, der den Raum mit der Außenseite der Pyramide verbindet, deutet darauf hin, daß die Königskammer nicht als letzte Ruhestätte für eine Mumie bestimmt war, sondern nur zeitweise als Aufenthaltsort für lebende Menschen diente und für religiöse Zeremonien benutzt wurde. Eine »richtige« Grabkammer gibt es übrigens tief unter dem Boden der Cheopspyramide.

Geheimrituale

Der römische Schriftsteller Lucius Apuleius, der in Nordafrika geboren war und im 1. Jahrhundert n. Chr. lebte, hat in seinem Roman »Der goldene Esel« die ausführlichste, noch erhaltene Beschreibung antiker Einweihungszeremonien gegeben. Er berichtet, wie er in einem ägyptischen Isistempel nach einigen Vorbereitungen ein geistiges Erlebnis hatte, das er folgendermaßen beschreibt:

»Ich nahte dem Grenzbezirk des Todes, stieg über Proserpinas (der Todesgöttin) Schwelle und fuhr durch alle Elemente zurück; um Mitternacht sah ich die Sonne in weißem Licht flimmern, trat zu Totengöttern und Himmelsgöttern, von Angesicht zu Angesicht und betete sie ganz aus der Nähe an.«

Nachdem er die Einweihung durchgemacht hatte, mußte er sich, in ein prachtvolles Gewand gekleidet, hinter einen Vorhang begeben.

Auf seinem Haupt trug er einen Kranz aus Palmblättern, die wie Lichtstrahlen in alle Richtungen hinausgingen. Auf der anderen Seite des Vorhanges war eine große Schar von Zuschauern versammelt.

»So war ich wie der Sonnengott ausstaffiert und einem Bilde gleich aufgestellt, und als man plötzlich die Vorhänge zurückzog, wimmelte es von Leuten, die mich sehen wollten.«

Aus den Schilderungen kann man entnehmen, daß ein Eingeweihter in gewissem Sinne als in göttlichem Rang stehend angesehen wurde.

Lucius Apuleius betont, daß er nicht über die durchgemachte Schulung oder die Riten, die zu dem entscheidenden Erlebnis geführt hatten, sprechen durfte. Dies ist verständlich. In den feierlichen Handlungen gab es – allem Anschein nach – »magische« Verrichtungen, die unwissenden Personen nicht zugänglich gemacht werden durften.

»Gewöhnliche« Menschen des Altertums waren – aus leicht einzusehenden Gründen – außerordentlich neugierig, zu erfahren, was während der geheimnisvollen Riten in den Mysterientempeln vor sich ging. Hätte die strenge Schweigepflicht über die Vorgänge nicht bestanden, wären die Zeugnisse mit größter Wahrscheinlichkeit der Nachwelt erhalten geblieben.

Weil wir so wenig über die Einweihungszeremonien des Altertums wissen, obwohl sie offensichtlich existiert haben, gibt es also gute Gründe, zu glauben, daß die Schweigepflicht sehr gewissenhaft eingehalten wurde. Im alten Griechenland war der Verrat von Mysteriengeheimnissen mit der Todesstrafe belegt.

»Der Untergang der Götterwelt« oder »Die Götterdämmerung«

Vieles weist darauf hin, daß das ätherische Kraftfeld des Menschen schon in alten Zeiten anfing, sich stärker mit dem physischen Körper zu verbinden. Damit wurde es stufenweise schwieriger und mit der Zeit fast unmöglich, mit der Welt der Götter in Kontakt zu bleiben.

In vielen Völkern haben sich Sagen und Mythen erhalten, die

diesen Entwicklungsprozeß in eindrucksvollen Bildern schildern. Er wurde erlebt als »der Untergang der Götterwelt«.

Die Edda ist die Erzählung von der »Götterdämmerung«. Es wird dabei nicht ein äußeres Ereignis beschrieben, sondern die tiefgreifende Bewußtseinsveränderung der Menschheit. Diese durchgreifende Umwandlung der inneren Konstitution des Menschen, und damit auch seines Weltbildes, hat innerhalb großer Zeiträume in den verschiedenen Kulturen stattgefunden. In einigen abseits gelegenen Gebieten, zum Beispiel im Norden, scheint das »alte Hellsehen« sich länger erhalten zu haben als im übrigen Europa.

Der britisch-amerikanische Historiker E. R. Dodds hat umfangreiches Material gesammelt, das darauf hindeutet, daß Wahrträume, Visionen und andere übersinnliche Erlebnisse im Griechenland des 5. Jahrhunderts v. Chr. immer mehr abnahmen (»The Greek and the Irrational«, University of California Press, 1951). Die durchgreifende Bewußtseinsveränderung der Menschheit des alten Hellas zeigt sich auch in der Tatsache, daß jetzt Naturwissenschaft und Philosophie ihre Blütezeit erlebten. Der Grund wird gelegt zu einer Denkweise und Weltauffassung, die ihren Einfluß auf die ganze abendländische Menschheit haben sollte.

Dadurch, daß sich das ätherische Kraftfeld immer stärker mit dem physischen Körper verband, entsprachen die antiken Einweihungszeremonien mit der Zeit nicht mehr dem Bewußtseinszustand der Menschen. Sie fielen immer mehr einer Entartung und Dekadenz anheim, bis sie schließlich in der Römerzeit ganz aufhörten.

Heutige Einweihungsmethoden

Die Umwandlung des Ätherleibes kann und muß in unserer Zeit anders vor sich gehen als im Altertum. Die Beschreibungen, die Rudolf Steiner in verschiedenen Zusammenhängen gegeben hat, deuten darauf hin, daß die Umwandlung – in den wahrscheinlich höchst seltenen Fällen, wo sie geschieht – sich jetzt stufenweise, ohne todesähnlichen Schlaf und ohne kultische Zeremonien vollzieht.

Wir werden jetzt eingehen auf einige Eigenheiten in den Einweihungsmethoden, die in »Wie erlangt man Erkenntnisse der höheren Welten?« geschildert werden und die wir kennenlernen müssen, um den anthroposophischen Schulungsweg in einen adäquaten geschichtlichen Zusammenhang einordnen zu können. Ein besonders wichtiger Zug in der Umwandlung des Ätherleibes ist die Ausbildung eines »Herzorganes«, das eine Art ätherisches Gegenstück zur zwölfblättrigen Lotusblume ist und mit der Zeit ein »Zentrum« wird für das innere Leben des geistig erwachten Menschen. Die Beschreibung des Herzorganes zeigt, wie innig die astralischen und ätherischen Prozesse in diesem Stadium der geistigen Entwicklung des Menschen miteinander verwoben sind. »Es leuchtet und schillert geistig in den allerverschiedensten Farben und zeigt Formen von großer Regelmäßigkeit, die sich mit Schnelligkeit verändern können.« Die Strömungen, die vom Herzorgan ausgehen, durchdringen das ganze innere Wesen des Menschen.

»Die wichtigsten dieser Strömungen gehen zu den Lotusblumen. Sie durchziehen die einzelnen Blätter derselben und regeln ihre Drehung; dann strömen sie an den Spitzen der Blätter nach außen, um sich im äußeren Raum zu verlieren.«

Das Herzorgan steht in enger Verbindung mit der zwölfblättrigen Lotusblume. Die Strömungen gehen unmittelbar in diese hinein und dann weiter zu den anderen Lotusblumen. Weil die zwölfblättrige Lotusblume im Verhältnis zu den übrigen »Chakren« damit eine Art regulierende, übergeordnete Funktion bekommt, kann man verstehen, warum ihre Ausbildung mit besonderer Sorgfalt stattfinden muß.

Das ätherische Herzorgan mit dem ganzen System innerer Strömungen, die davon ausgehen, wird, wenn es fertig entwickelt ist, zu einem Instrument für die inspirative Erkenntnis. Der Mensch erhält damit die Fähigkeit, »die verborgene Schrift zu lesen« oder – wie es auch manchmal heißt – »das innere Wort« wahrzunehmen.

»Alle Dinge erhalten nunmehr für den Menschen eine neue Bedeutung. Sie werden gewissermaßen in ihrem innersten Wesen geistig hörbar; sie sprechen von ihrem eigentlichen Wesen zu dem Menschen. Die gekennzeichneten Strömungen setzen ihn mit dem Innern der Welt in Verbindung, zu welcher er gehört. Er beginnt das Leben seiner Umgebung mitzuerleben und kann es in der Bewegung seiner Lotusblumen nachklingen lassen. Damit betritt der Mensch die geistige Welt.«

Dieses Geschehen stellt den entscheidenden Schritt zu dem dar, was im Vorausgegangenen »Einweihung« genannt worden ist.

In seine Beschreibung der Ausbildung des Herzorganes flicht Steiner einen anderen Hinweis hinein, der nicht außer acht gelassen werden darf. Er hebt hervor, daß dieses Organ nicht zur Reife gebracht werden darf, bevor sich ein anderer wichtiger Prozeß abgespielt hat: der übende Mensch muß auf dem Gebiet des Gedankenlesens so weit entwickelt sein, daß eine Art »provisorisches« Zentrum in dem Teil des Ätherleibes ausgebildet ist, der in Verbindung zum Kopfe steht:

»Nur eine solche Geheimschulung hat den vollen Erfolg, welche zuerst diesen Mittelpunkt schafft. Würde gleich vom Anfang an der Mittelpunkt in die Herzgegend verlegt, so könnte der angehende Hellseher zwar gewisse Einblicke in die höheren Welten tun; er könnte aber keine richtige Einsicht in den Zusammenhang dieser höheren Welten mit unseren sinnlichen gewinnen. Und dies ist für den Menschen auf der gegenwärtigen Stufe der Weltentwicklung eine *unbedingte* Notwendigkeit.«

Hier wird mit wenigen Worten auf ein entscheidendes Merkmal des anthroposophischen Schulungsweges hingewiesen. Der Schritt von der Sinnenwelt ins Reich des Übersinnlichen muß so vollzogen werden, daß die Forderung nach einem klaren und vernünftigen Denken nie vernachlässigt wird. Bevor der Übende voll und ganz ein »Herzensmensch« wird – auf die Art, wie man dies durch die geistige Schulung erreichen kann –, muß er bis zu einem gewissen Grade ein »Denkmensch« gewesen sein (was natürlich nicht bedeutet, daß in irgendeiner Phase irgendeine Form von Intellektualismus erstrebenswert wäre). Wenn die Ausbildung der verschiedenen Zentren im Ätherleib nicht in der hier geschilderten Reihenfolge geschieht, ist das Risiko groß, daß der übende Mensch eine »schwärmerische« Person wird, die den Phänomenen der physischen Welt entfremdet wird.

Das Streben, solche geistige Erkenntnisse zu erlangen, die nicht nur einen Einblick in die übersinnliche Welt geben, sondern auch – und vor allem – zu vertieften Einsichten über irdische Erscheinungen führen, ist eine der wichtigsten Eigenheiten des anthroposophischen Schulungsweges.

Wie wir gemerkt haben, ist der anthroposophische Erkenntnisweg in erster Linie darauf ausgerichtet, die astralischen und ätherischen Organe, die in Relation zum Kopf und zum Herz stehen, auszubilden.

Die Steigerung der Willenskraft, die für ein intensives Üben notwendig ist, kann sehr weit getrieben werden, ohne daß die Zentren, die mit dem Unterleib und dadurch mit den Willens- und Begierdekräften zu tun haben, geweckt werden.

In »Wie erlangt man Erkenntnisse der höheren Welten?« wird dem Übenden geraten, mit der Ausbildung des astralischen Organes, das die sechsblättrige Lotusblume genannt wird – und das mit dem Gebiet unter dem Nabel verknüpft ist –, zu warten, bis er einen bestimmten moralischen Stand erreicht hat. Der Reifegrad, der notwendig ist, wird folgendermaßen beschrieben:

»Die Verrichtungen des Leibes, die Neigungen und Leidenschaften der Seele, die Gedanken und Ideen des Geistes müssen in einen vollkommenen Einklang miteinander gebracht werden. Der Leib muß so veredelt werden, daß seine Organe zu nichts drängen, was nicht im Dienste der Seele und des Geistes geschieht. Die Seele soll durch den Leib nicht zu Begierden und Leidenschaften gedrängt werden, die einem reinen und edlen Denken widersprechen. Der Geist aber soll nicht wie ein Sklavenhalter mit seinen Pflichtgeboten und Gesetzen über die Seele herrschen müssen; sondern diese soll aus eigener freier Neigung den Pflichten und Geboten folgen. Nicht wie etwas, dem er sich widerwillig fügt, soll die Pflicht über dem Geheimschüler schweben, sondern wie etwas, das er vollführt, weil er es liebt. Eine freie Seele, die im Gleichgewichte zwischen Sinnlichkeit und Geistigkeit steht, muß der Geheimschüler entwickeln. Er muß es dahin bringen, daß er sich seiner Sinnlichkeit überlassen darf, weil diese so geläutert ist, daß sie die Macht verloren hat, ihn zu sich herabzuziehen. Er soll es nicht mehr nötig haben, seine Leidenschaften zu zügeln, weil diese von selbst dem Rechten folgen. Solange der Mensch es nötig hat, sich zu kasteien, kann er nicht Geheimschüler auf einer gewissen Stufe sein. Eine Tugend, zu der man sich erst zwingen muß, ist für die Geheimschülerschaft noch wertlos. Solange man eine Begierde noch hat, stört diese die Schülerschaft, auch wenn man sich bemüht, ihr nicht zu willfahren.«

Man kann auf dem anthroposophischen Schulungsweg ziemlich weit kommen, ohne daß eine solche Lebenshaltung mehr als ein Ideal ist. Wer aber seine »niederen« Zentren wecken will, dem wird das Ideal eine Forderung, die unerbittlich erfüllt werden muß. Nimmt man diese Lebensregel nicht ernst, läuft man Gefahr, Kräfte loszulassen, derer man nicht Herr ist.

Die Probleme, die sich hier auftun, gewinnen besondere Bedeutung für denjenigen, der die vierblättrige Lotusblume »wecken« will, d. h. das innere Organ, das in direkter Relation steht zu den Geschlechtsteilen, und deren Ausbildung ein zentraler Einschlag in der klassischen Yogaschulung ist.

Die »Kundalinikraft«

Verläuft die innere Entwicklung nach den Richtlinien, die hier geschildert worden sind, kann der übende Mensch – nach der bestimmten Aussage Steiners – mit der Zeit eine Erfahrung machen, die von entscheidender Bedeutung ist für seine Möglichkeiten, »geistige Forschung« zu betreiben. Es handelt sich darum, daß eine »Wahrnehmungskraft« ganz neuer Art im Herzorgan geweckt wird und in die ätherischen Strömungen, die durch die geistige Schulung ausgebildet worden sind, hineingeleitet wird:

»Diese Wahrnehmungskraft ist ein Element von höherer Stofflichkeit, das von dem genannten Organ ausgeht und in leuchtender Schönheit durch die sich bewegenden Lotusblumen und auch durch die anderen Kanäle des ausgebildeten Ätherleibes strömt. Es strahlt von da nach außen in die umgebende geistige Welt und macht sie geistig sichtbar wie das von außen auf die Gegenstände fallende Sonnenlicht diese physisch sichtbar macht ... Deutlich als Gegenstände und Wesen wahrnehmbar wird die geistige Welt eigentlich erst für einen Menschen, der in solcher Art das charakterisierte Wahrnehmungsorgan durch seinen Ätherleib und nach der Außenwelt senden kann, um damit die Gegenstände zu beleuchten. – Man sieht daraus, daß ein vollkommenes Bewußtsein von einem Gegenstande der geistigen Welt nur unter der Bedingung entstehen kann, daß der Mensch selbst das Geisteslicht auf ihn wirft.«

Steiner fügt einen Kommentar hinzu, der in diesem Zusammenhang besonders bedeutsam ist:

»Würde er es nicht hier, sondern an einem anderen Orte entzünden, so hätten die durch dasselbe zustande gebrachten geistigen Wahrnehmungen keinen Zusammenhang mit der physischen Welt.«

In der ersten Ausgabe des Buches »Wie erlangt man Erkenntnisse der höheren Welten?«, die 1904 erschien, beschreibt er dies Phänomen mit dem Namen »Kundalinifeuer«. In späteren Ausgaben verwendete Steiner mehr umschreibende Begriffe wie »geistige Wahrnehmungskraft« oder »Element von höherer Stofflichkeit«.

Die Änderung ist charakteristisch. Steiner bemühte sich konsequent, die indisch-orientalische Terminologie durch neue Bezeichnungen zu ersetzen. Einer der Hauptgründe war, daß ihm oft vorgeworfen wurde, seine Darstellungen aus alten religiösen Urkunden, aus Traditionen von verschiedenen Yogaschulen oder aus der anglo-indischen Theosophie entliehen zu haben. Er versuchte so weit wie möglich, solche Mißverständnisse zu vermeiden.

Die »klassische« Yogaschulung

Auf dem Hintergrund der oben gegebenen Schilderung können wir auf die wichtige und immer wiederkehrende Frage über das Verhältnis zwischen Anthroposophie und Yoga eingehen. Diese Frage kann natürlich auf verschiedenste Weise beantwortet werden.

Hier soll eine historische Betrachtungsweise herangezogen werden. Man muß sich zunächst einmal der Tatsache bewußt sein, daß die ursprünglichen Formen der Yogaschulung aus einer Zivilisation hervorgegangen sind, die von der unseren sehr verschieden ist.

In Ländern des Altertums, und nicht zuletzt in Südasien, wurde es als wichtig betrachtet, daß Menschen in völliger Abgeschiedenheit leben konnten, um sich einem ungestörten inneren Üben hinzugeben. Dieses führte sie in die geistige Welt ein und sollte ihnen die Kraft geben, durch Gebete und Meditationen das Wohlwollen der göttlichen Wesen, die ihre Hand über Krieg und Frieden, über Wind und Wetter hielten, herbeizuführen.

Man muß auch berücksichtigen, daß die Yogaschulung aus einer Epoche stammt, da die meisten Menschen noch das alte Hellsehen besaßen und deswegen sich sehr stark mit ihrer Um-

gebung verbunden fühlten. Sie konnten sich davon nicht distan-
zieren und sich selber als abgeschiedenes »Ich« mit eigenem
Denkvermögen erleben. Durch besondere Körperhaltungen
und vor allem durch einen veränderten Atemrhythmus konnte
sich ein damaliger »Yogi« in eine andere Seelenverfassung als
die normale versetzen. Durch ein ständig wiederholtes Sich-
Hineinleben in die physiologischen Veränderungen, die durch
ein modifiziertes Atmen hervorgerufen wurden, verband er
sich stärker als andere Menschen mit seinem Körper und erreichte auf diesem Weg ein Ichbewußtsein und ein Denkvermögen von einer Art, die erst während einer späteren Epoche allgemein veranlagt wurde.

Aber der Bewußtseinszustand, den der Yogi des Altertums
erreichte, kann – den Übereinstimmungen zum Trotz – nicht
mit der Mentalität, die in der westlichen Welt schrittweise dominierend geworden ist, verglichen werden.

Durch das stetige innere Üben führte der Yogi eine solche
Umwandlung seines ätherischen Kraftfeldes durch, daß es mit
der Zeit den Weg zu einem »kontrollierten« Hellsehen öffnete.
Er machte sich von dem instinktiven Kontakt mit der übersinnlichen Welt frei, um dann auf eine neue und bewußte Weise
diese Verbindung wieder zu beleben.

Es kann gesagt werden, daß keine der heutigen Yogaschulen
so »körperorientiert« ist wie die Hatha-Yoga mit ihrer starken
Betonung auf Diät, physiologische Maßnahmen, Körperstellungen und Atemübungen.

Sachverständige moderne Darstellungen zeigen, daß diese
minutiös beschriebenen physiologischen Maßnahmen als notwendig angesehen werden, damit der Schüler sich ein völlig klares Denken aneignet, d. h. Konzentrations- und Meditationsübungen betreiben könne.

Es scheint also wahrscheinlich, daß die Hatha-Yoga eine Tra-
dition von sehr hohem Alter bewahrt.

Der achtgliedrige Pfad der Yoga

Die Ordnungsfolge in den Übungen, die im alten Indien angewendet wurde, kommt in der berühmten Schilderung des »acht-
gliedrigen Pfades«, die von Patanjali gegeben wurde, zum Ausdruck. Patanjali gehört zu den hervorragendsten Yoga-Lehrern
der Geschichte. Es wird behauptet, daß seine »Yoga sutras«

161

(Aphorismen über Yoga) mehr als 300 Jahre v. Chr. geschrieben wurden. Sie enthalten u. a. die folgende Aufzählung der wichtigsten Einschläge der Yogaschulung, angefangen von unten:

8. Samadhi (Kontemplation)
7. Dhyana (Meditation)
6. Dharana (Konzentration)
5. Pratyahara (Sinneskontrolle)
4. Pranayama (Atmungskontrolle)
3. Asanas (Körperstellungen)
2. Niyama (die Zueignung der fünf grundlegenden Lebensgewohnheiten)
1. Yama (Enthaltsamkeit auf fünf Lebensgebieten)

Patanjali selber mißt den verschiedenen komplizierten Körperstellungen, die von älteren Yogaschulen vorgeschrieben waren, keine große Bedeutung zu. Er hebt nur hervor, daß die Haltung des Körpers »fest« und »behaglich« sein soll. Seine Beschreibung der verschiedenen Atmungsübungen ist auch nicht sehr detailliert.

Patanjali gehörte der Schule an, die »Raja-Yoga« genannt wird und die sehr auf das innere Üben Wert legte, d. h. auf die drei höchsten Stufen. Er lebte in einer Epoche, in der es einfacher geworden war, eine Beherrschung der Denkfähigkeit zu erreichen. Die Darstellung aber, die er von dem Schulungsweg im ganzen gibt, ist gerade deswegen so interessant, weil er nicht die Orientierung, die er selbst vertrat, widerspiegelt, sondern die Ordnungsfolge des Übens angibt, die die ursprüngliche und »klassische« ist.

Wer die Anthroposophie kennengelernt hat, wird eine interessante Beobachtung machen. Die Reihenfolge der »Asanas« über »Pranayama« zu »Pratyahara« zeigt, daß das eigentliche Yogaüben mit dem Gliedmaßen- und Stoffwechselsystem begann, mit den rhythmischen Prozessen weiterging und danach sich auf die Sinneserlebnisse erstreckte. Allem Anschein nach waren die »dreigliedrigen« Körperfunktionen, die von Steiner beschrieben werden, auch den Lehrern bekannt, die die Yogaschulung ausbildeten.

Diesen physiologisch orientierten Übungen ging eine moralische Schulung voran, die die eigentliche Basis des Yogatrainings war (und es in vielen Schulen auch heute noch ist). Der Schüler muß sich zurückhalten von Gewalt, Lüge, Diebstahl, unwürdigem Benehmen und der Begierde nach irdischem Besitz. Er muß sich aneignen Reinlichkeit, Genügsamkeit, Selbstkontrolle, Fähigkeit zum Studium und Hingabe an die Gottheit.

Das moralische Üben innerhalb der Yoga

Die Lebensweise, die der Schüler sich während der zwei ersten Stufen (»Yama« und »Niyama«) aneignen soll, enthält u. a. Enthaltsamkeit in bezug auf Eß- und Trinkgewohnheiten, sexuellen Umgang usw.

Einige Yogalehrer haben im Laufe der Zeit diese Vorschriften auf verschiedene Weise gedeutet. In unserem Zeitalter ist es selbstverständlich schwieriger als früher geworden, die Forderungen rigoros durchzuführen. Trotzdem gibt es aber immer noch ziemlich viele Yogalehrer, die eine strengere Auslegung vertreten und beispielsweise das Zölibat als eine Voraussetzung für vorgeschrittene Yogaübungen verlangen. Moderne Menschen haben es schwer, eine »asketische« Lebensweise zu verstehen und zu akzeptieren. Die Forderungen, die mit der traditionellen Yogaschulung verbunden sind, müssen aber auf dem Hintergrund, der in diesem Buch gezeichnet worden ist, gesehen werden.

Die ursprüngliche Reihenfolge im Yogaüben bei Patanjali bedeutet, daß die astralischen und ätherischen Zentren, die in Relation stehen zum Unterleib – beispielsweise die sechs- und vierblättrigen Lotusblumen –, diejenigen sind, die zuerst »geweckt« werden. Geschieht dies, ohne daß der Schüler sein Begierde- und Willensleben unter genügend feste Kontrolle bekommen hat, riskiert er, Kräfte auszulösen, die schwerwiegende Lebensprobleme verursachen können.

Diese Tatsache muß ernst genommen werden. Innerhalb der Yogaschulung gibt es nämlich Methoden, die gebraucht werden können, um die Ausbildung der inneren Organe zu beschleunigen und die früher nur mündlich weitergegeben wurden, mit der Zeit aber veröffentlicht worden sind.

Ein charakteristisches Hilfsmittel, das in vielen Yogaschulen verwendet wird und das besondere Bedeutung hat für das »Wecken« verschiedener Zentren, sind die sogenannten Mantren, d. h. Lautkombinationen mit ganz besonderen Eigenschaften. Sie werden laut oder mit sehr leiser, fast unhörbarer Stimme ausgesprochen.

Die Beschreibung, die hier gegeben wird, ist hauptsächlich Ernest Woods Buch »Yoga« entnommen, ein repräsentatives und sachverständiges, modernes Standardwerk über verschiedene Formen der Yogaschulung (London 1959).

Die Lautkombinationen sind nicht beliebig gewählt. Echte Mantren können nur durch einen kompetenten »Seher«, einen sogenannten »Mantrakara«, vermittelt werden.

Ein Mantra ist in der Regel der Name einer hinduistischen Gottheit. Ein solcher Name kann für den Schüler eine Hilfe sein, das Bewußtsein auf eine bestimmte Vorstellung zu richten und andere Gedanken fernzuhalten, wenn er von der Meditation zu Samadhi übergeht, d. h. zu dem Bewußtseinszustand, in dem der Schüler sich unmittelbar mit der übersinnlichen Welt und ihren Wesen verbindet. In diesem Zustand kann er mit Hilfe des Mantras Eigenschaften der Gottheit, zu der er sich in der Meditation hingewendet hat, übernehmen.

»Das Ertönen des Mantras formt sich also tatsächlich zu einem entschiedenen Impuls, der von seinem wahren Herrn und Ursprung herrührt.«

Mantren können demnach eine Art magische Wirkung haben. Es gibt beispielsweise besondere »Samenmantren«, mit deren Hilfe die Gottheit, die mit einer bestimmten Lotusblume verbunden ist, angerufen werden kann, um diese zur Reife zu bringen. Eine Voraussetzung ist aber, daß der Schüler in seinem Innern genügend verbunden ist mit dem Wesen, an das er sich wendet. Lediglich die Lautkombination auszusprechen, genügt nicht.

Es gibt auch Mantren, die – manchmal kombiniert mit gewissen Körperübungen – verwendet werden können, um die Kundalinikraft zu wecken.

In der reichen Bildsprache, die kennzeichnend ist für die indischen religiösen Traditionen, wird Kundalini als eine mächtige weibliche Gottheit beschrieben: eine schaffende und lebensspendende Kraft, die in Schlangengestalt schlummert –

zusammengerollt in der vierblättrigen Lotusblume (das eigentliche Wort heißt ungefähr »zusammengewickelt«).

Wenn Kundalini durch die Übungen, die der Schüler betreibt, zu »erwachen« beginnt, »erhebt« sie sich und strebt nach oben, um sich mit Shiva, der Gottheit des Denkens und der Weisheit, zu vereinen. Dieser wird als ihr »Gatte« dargestellt und hat seinen Sitz im Haupt des Menschen. Durch die Vereinigung empfängt Kundalini »den geistigen Sonnenschein« und kehrt zurück nach unten, indem sie die Lotusblumen durchströmt und Leben und Lichtkraft spendet.

Wer zu ahnen beginnt, wie tiefgreifend die Wirkungen verschiedener Yogaübungen werden können, versteht ohne weiteres, warum eine Schulung dieser Art nur unter der Leitung eines erfahrenen Lehrers geschehen kann. Innerhalb der traditionellen Formen der Yogaschulung wird es als selbstverständlich betrachtet, daß niemand außer einem echten »Guru« feststellen kann, ob der Schüler für ein neues Stadium in seinem Üben genügend vorbereitet ist, ob er reif ist, über ein bestimmtes Mantra zu meditieren.

Yogaschulen im Osten und Westen

Innerhalb einiger Richtungen dominiert das »geistige« Üben sehr stark. Unter ihnen sei besonders hingewiesen auf Djnana-Yoga (der Yoga des philosophischen Urteilsvermögens). In der Djanatradition ist das Denken sowohl Studienobjekt als auch Studieninstrument. In Paul Bruntons Buch »The Wisdom of the Overself« (London 1974) wird eine selbständige, abendländische Variante dieses philosophischen Erkenntnisweges beschrieben.

Auch innerhalb der Raja-Yoga wird besonderes Gewicht auf die abschließenden Stadien des Übungsweges gelegt, der von Patanjali wiedergegeben wird.

Viele Raja-Yogis meinen – hebt Woods hervor –, daß die Kundalinikraft nicht durch Mantren oder andere »äußere« Hilfsmittel hervorgerufen werden dürfe, sondern ausschließlich durch das moralische und meditative Üben geweckt werden sollte.

Es scheint aber nicht viele Yogaschulen zu geben, die ein reines denkerisches Üben empfehlen. Eine Kombination der verschiedenen Methoden dürfte immer noch am verbreitetsten sein. Eine Anzahl Yogalehrer folgen offenbar dem Wahlspruch »Keine Raja ohne Hatha« und betreiben Körperübungen als Stütze und Vorbereitung für die meditative Schulung.

Die Yogarichtungen, die im Abendland die größte Verbreitung gefunden haben, sind definitiv nicht die philosophisch orientierten, sondern diejenigen, die mit Übungen anderer Art arbeiten. Hier öffnet sich ein Kulturproblem großen Ausmaßes.

Die Formen der Yogaschulung, die darauf eingerichtet sind, mit der Ausbildung der »niederen« Zentren anzufangen, bedürfen der Zeit, der Geduld, einer zurückgezogenen Lebensweise und in gewissem Maße der Askese.

Diese Voraussetzungen sind in der Regel bei uns im Westen nicht gegeben. Viele Yogalehrer haben gemeint, vor einer schweren Wahl zu stehen: entweder stillschweigend zuzuschauen, wie eine materialistische Lebenshaltung in den Industrieländern alleinherrschend wird, oder ihren Unterricht der Mentalität der Menschen in diesen Ländern anzupassen. Diejenigen Lehrer, die letztere Alternative gewählt haben, sind meistens sehr weit gegangen.

Einige Übungswege präsentieren sich in einer verstümmelten Form, aus der die wirklich anstrengenden Aufgaben herausgenommen worden sind, und die übrigen als leicht und angenehm geschildert werden.

Verschiedene Fragmente aus der Yogaschulung liegen Übungswegen zugrunde, die nicht »Yoga« genannt werden, sondern andere Benennungen bekommen haben (z. B. »transzendentale Meditation«).

Lehrer mit mangelndem Verantwortungsgefühl verbreiten Übungen, die ausdrücklich von allen moralischen Forderungen losgelöst sind. In ihrem mehr oder weniger unvollständigen Zustand sind einige der Yogawege auf großes Interesse gestoßen. Sie treffen auf neu geweckte Bedürfnisse – nicht zuletzt bei vielen Jugendlichen.

Die Übungen, die vermittelt werden, gehen in der Regel darauf aus, gehetzten Menschen von heute zu Ruhe und Entspannung zu verhelfen. Viele Menschen fühlen große Dankbarkeit und bezeugen, daß sie wirklich positive Wirkungen verspüren. Manchmal aber zeigen sich auch Wirkungen ganz anderer Art.

In der Novelle »Naar jeg ser din himmel« (Wenn ich deinen Himmel sehe) von Lis Mortensen wird ein solches Beispiel geschildert.

Bei seinem Erscheinen löste das Buch eine heftige Debatte in Dänemark aus. Lis Mortensen wurde interviewt und bestätigte ausdrücklich, daß die beschriebenen Ereignisse im wesentlichen von ihr selber erlebt worden waren.

Die Hauptperson, Bodil Mogensen, eine 36jährige Hausfrau und Mutter von zwei Kindern, beginnt an der Universität ein Studium. Ihre Ehe ist durch Langeweile und Gleichgültigkeit gekennzeichnet. Sie hat resigniert und lebt seit Jahren in einem unfreiwilligen Zölibat. Sie hängt aber an ihren Kindern und widmet sich sehr ihrer Erziehung und Entwicklung. Sie hofft, für ihre innere Unruhe und Disharmonie Heilung zu finden und besucht ein Meditationszentrum, wo sie Zugang erfährt zu einem Mantra, das nach der Schilderung des Lehrers ihm »durch Inspiration« zugekommen ist. (Aus einer späteren Angabe geht hervor, daß es sich um den Namen einer hinduistischen Gottheit handelt.) Sobald Bodil Mogensen anfängt, über das ihr gegebene Mantra zu meditieren, bemerkt sie, daß ihr Bewußtseinszustand sich verändert. Sie hat fast unmittelbar ein tiefgehendes inneres Erlebnis.

»Plötzlich wird mein Kopf von einem strahlenden Licht erfüllt. Aus einer unversiegbaren Quelle quillt es hervor und umschließt mich. Ich fühle, daß dieses Licht mich liebt, fühle mich in Liebe eingebettet.«

Der Name des Buches spielt auf dieses Erlebnis an.

Bodil Mogensen ist sicher, daß sie Gott erlebt hat. Sie fängt an, sich mehr und mehr für Religion zu interessieren. Statt dessen verliert sie aber plötzlich die Fähigkeit, sich um die Probleme ihrer Kinder zu kümmern. Diese werden ihr mehr oder weniger gleichgültig. Sie leidet an Schlaflosigkeit und hat das Gefühl, als ob Luftblasen gegen ihren Kopf steigen, ihn erfüllen und fast zu sprengen drohen.

Eines Tages tritt eine weitere Veränderung in ihrem Zustand ein. In dem Licht, das von der Meditation hervorgerufen wird, erscheint plötzlich ein schwarzer Fleck, den sie wie »eine schwarze, gezackte Sonne« erlebt.

»Eine seltsame Wahrnehmung entsteht in den Geschlechtsorganen, nicht unangenehm, aber beunruhigend. Etwas fängt an, sich in meiner Wirbelsäule zu bewegen wie eine Schlange, die sich hinauf- und hinunterbewegt.«

Die Wahrnehmung folgt ihr fast ständig und verursacht eine starke, brennende Empfindung. Diese versucht sie mit kalten Bädern und Nerventabletten zu dämpfen, aber »die Schlange« bewegt sich weiterhin auf und nieder. Manchmal trommelt sie gewaltig gegen die Innenseite des Schädels. Wenn sexuelle Befriedigung gesucht wird, werden die Phänomene fast unausstehlich.

Sie sucht bei verschiedenen Menschen Hilfe. Der Lehrer, der das Mantra vermittelt hat, ist machtlos und sucht Rat bei seinem eigenen Lehrer (Maharishi). Dieser weiß aber auch nicht zu helfen.

Von einem indischen Yogi erfährt Bodil Mogensen, daß sie die Kundalinikraft erlebt und daß sie in sexueller Enthaltsamkeit leben muß. Ein Psychiater gibt ihr Nerventabletten, die die Empfindung in der Wirbelsäule zum Verschwinden bringen. Sie fängt an, besser zu schlafen.

Die Nachwirkungen von dem Erlebten gehen aber weiter. Bodil Mogensen leidet darunter, daß sie sich nicht mit den Problemen der Familie beschäftigen kann. Als sie ihr Examen besteht, aber keine Anstellung bekommt, wird ihre Situation noch schlimmer. Sie begeht einen Selbstmordversuch und landet in verschiedenen psychiatrischen Kliniken. Mit der Zeit bekommt sie Hilfe durch die Solidarität, die sie in einer Frauengruppe findet. Sie findet wieder die Kraft weiterzuleben.

Menschen, die mit übersinnlichen Wirklichkeiten nicht rechnen, mögen derartige Schilderungen seltsam erscheinen. Die Probleme aber, die Lis Mortensen beschreibt, sind nicht so selten, wie man vielleicht geneigt ist zu glauben.

Steiner hat oft die Gefahren geschildert, die mit inneren Übungen verschiedener Art verknüpft sein können. Er betont aber, daß diese Gefahren nur auftreten, wenn das Üben nicht parallel geht mit einer genügend intensiven moralischen Schulung, und wenn sie auf innere Zentren einwirken, die noch nicht reif dazu sind, »geweckt« zu werden.

Die Frage über das Verhältnis der Anthroposophie zu den traditionellen Formen der Yogaschulung ist größtenteils durch das oben Erwähnte schon beantwortet. Es kann vielleicht aber doch angemessen sein, das Kapitel mit einem kleinen Überblick zu schließen.

In der Art, die innere Konstitution des Menschen zu beschreiben, gibt es viele wichtige Übereinstimmungen. Begriffe wie Lotusblumen, Ätherleib, Kundalinikraft usw. zeigen in der Realität, wenn auch nicht immer im Wortlaut, erstaunliche Ähnlichkeit. Die Übereinstimmungen haben dazu geführt, daß viele Menschen glauben, Yoga und Anthroposophie seien eigentlich das gleiche.

Außerdem gehen viele von der Überzeugung aus, daß Steiner einen Teil seiner Beschreibungen aus dem einen oder anderen Yoga-Handbuch »entliehen« hat.

Nehmen wir ein Beispiel. In dem in Schweden sehr verbreiteten Konversationslexikon von Bonniers heißt es unter dem Schlagwort Anthroposophie, daß diese »ein ausgeprägtes synkretistisches System« sei, d. h. eine Verschmelzung verschiedener Lehren, von dem die indische Philosophie ein Bestandteil ist. Außerdem wird im gleichen Artikel noch angegeben, daß die Anthroposophie eine »psychische Trainingsmethode« einschließt, die u. a. auf Yoga aufgebaut ist.

Steiner hat aber keineswegs versucht, verschiedene philosophische und religiöse Auffassungen in einem eigenen System verschmelzen zu lassen. Der anthroposophische Erkenntnisweg ist ganz und gar auf dem Grund der Erfahrung aufgebaut, nicht auf einem zusammengetragenen geistigen Kapital.

Die Übereinstimmungen, die tatsächlich zwischen der Anthroposophie und verschiedenen Yogaschulen existieren, beruhen darauf, daß Steiner und die Lehrer, die die »östlichen Schulungswege« schufen, unabhängig voneinander zu tiefen und verwandten Einsichten über die innere Konstitution des Menschen gekommen sind.

Die Unterschiede sind aber ebenso durchgreifend und haben ihre Ursache darin, daß die Übungsmethoden aus verschiedenen geschichtlichen Strömungen hervorgewachsen sind.

Die Reihenfolge der Übungen ist nicht die gleiche. Der anthroposophische Schulungsweg geht darauf aus, zuerst das Zentrum auszubilden, das in Relation zum Kopfe steht. Die

Yogaschulung, die die ursprünglichen Einrichtungen bewahrt hat, geht den entgegengesetzten Weg, d. h. sie fängt mit den »niederen« Zentren an.

Die Körperstellungen, Atemübungen und Mantren, die in einigen Yogaschulen verwendet werden, sollten in einer historischen Perspektive gesehen werden und sind gemäß Steiner für moderne Menschen nicht notwendig. Wenn diese Übungen nicht mit einer der orientalischen Schulung entsprechenden Lebensweise verbunden sind, können sie direkt gefährlich werden.

Abschließend möchte ich ein paar persönliche Erwägungen hinzufügen.

Die Darstellung, die ich hier gegeben habe, ist als Hilfe für Menschen gemeint, die sehen, daß es verschiedene Übungswege gibt und die eine eigene, bewußte Wahl treffen wollen. Ich habe versucht, die Schilderung so objektiv wie möglich zu gestalten, kann und will aber nicht die Tatsache verbergen, daß ich selber Stellung genommen habe. Ich fühle tiefen Respekt für die traditionellen, konsequent durchgeführten Formen der Yogaschulung, glaube aber, daß der anthroposophische Übungsweg geeigneter ist für den heutigen Menschen, wenigstens im Abendlande.

Die Anthroposophie als Kulturimpuls
Eine Nachbemerkung

Die von Steiner beschriebenen Übungen wollen einen Weg weisen zur Erkenntnis einer übersinnlichen Welt. Das Ziel ist aber kein Selbstzweck.

Worauf der anthroposophische Erkenntnisweg eigentlich ausgeht, ist nirgends deutlicher ausgedrückt als in dem Werk »Wie erlangt man Erkenntnisse der höheren Welten?«:

»Der Mensch gestaltet die Erde um, indem er ihr einpflanzt, was er von dem Geisterlande her erkundet. Darinnen liegt seine Aufgabe. Nur weil die sinnliche Erde von der geistigen Welt abhängt, weil man wahrhaftig auf der Erde nur wirken kann, wenn man Teilhaber an jenen Welten ist, in denen die schaffenden Kräfte verborgen sind, deshalb soll man zu diesen letzteren aufsteigen wollen.«

Anders gesagt: das einzig wirklich tragfähige Motiv, um in die übersinnlichen Welten Einblick zu bekommen, ist das Streben, daraus die Kenntnisse zu gewinnen, die nötig sind, um die Aufgaben zu bewältigen, vor die man im irdischen Dasein gestellt wird. Wer die Anthroposophie in ihren praktischen Konsequenzen versucht anzuwenden, hat es nicht schwer, Tätigkeitsbereiche zu finden, die das Leben interessant und sinnvoll machen. Er bemerkt aber schnell, daß das Ziel viel umfassender ist als ein »Glücklichwerden« oder »Sich selbst verwirklichen« auf einem rein persönlichen Niveau. Die Aufgabe ist nicht, sich von der physischen Welt zu befreien, sondern im Gegenteil sich mit ihr zu verbinden und nach Fähigkeiten zu suchen, um zu ihrer stufenweisen Umwandlung beizutragen.

Menschen, die den anthroposophischen Schulungsweg praktizieren, erfahren etwas Wichtiges und besonders Charakteristisches. Sie merken, daß das Üben besser geht und fruchtbarer wird, wenn sie ein tätiges, nach außen gerichtetes Leben führen. Wer diesen Weg gewählt hat und glaubt, daß man mit dessen Hilfe wirkliche geistige Erkenntnisse erreichen kann, indem man sich auf irgendeine Art zurückzieht von dem beschwerlichen alltäglichen Dasein, wird eine bittere Enttäuschung erleben. Seelische Isolierung führt unwillkürlich zu seelischer Schwächung. Das stetige, gegensätzliche Pendeln zwischen innerer Ruhe und äußerer Aktivität ist eine Lebensform, die unauflöslich mit der Anthroposophie verbunden ist. Das ruhige, innere Üben stärkt das Interesse für die äußere Welt und für andere Menschen. Die Ergebnisse, die in Form von vertieften Einsichten und erhöhter Lebenstüchtigkeit erreicht werden können, treten nur auf, wenn das Interesse stark genug ist.

Hier liegt – glaube ich – der eigentliche Grund, warum die Anthroposophie zu einem Kulturimpuls geworden ist, der auf vielen Gebieten im Leben fruchtbare Anregungen geben kann.

Praktische Anwendungen

Wäre Rudolf Steiner einen anderen Schulungsweg als eben den von ihm gewählten gegangen, hätte er nicht – wollen wir seine eigenen Aussagen ernst nehmen – zu der Ausbildung künstlerischer Aktivitäten auf den Gebieten der Architektur, Malerei, Bildhauerei, Bühnenkunst usw. beitragen können, was aber in so hohem Grade der anthroposophischen Bewegung das Gepräge gegeben hat. Die Waldorfpädagogik, die anthroposophisch orientierte Medizin und Heilpädagogik, die biologisch-dynamische Landwirtschaft und eine Reihe anderer Beispiele von angewendeter geistiger Forschung wären nicht zustande gekommen.

Viele der Anregungen, die von Steiner ausgingen und die für alle diese verschiedenen Arbeitsgebiete gelten, wurden nicht durch Bücher oder Vorträge vermittelt, sondern in Gesprächsform, als Antworten auf eingehende Fragen von Menschen, die in vielen Fällen gut ausgebildete Fachleute innerhalb der betreffenden Gebiete waren. Die Antworten waren oft sehr konkret und ausführlich und waren nicht selten Beweise für umfassende Kenntnisse auf Gebieten, wo sonst nur Spezialisten Bescheid wissen konnten.

Daß »geistige Forschung« sehr stark zu einer Vertiefung der Kenntnisse über physische Phänomene beitragen kann, scheint unbestreitbar für denjenigen, der sich näher bekannt gemacht hat mit Steiners Art, die Vielfalt von rein praktischen Detailfragen zu beantworten, vor die er während der letzten Zeit seines Lebens gestellt wurde. Es wird oft betont, daß Steiners geistige Einsichten »isoliert« dastehen und daß unter seinen Nachfolgern nichts Ähnliches zum Vorschein gekommen ist.

Das ist in gewisser Hinsicht wahr. Wer sich die Mühe gemacht hat, dieses Buch durchzulesen, kann verstehen, weshalb es schwierig ist, Forschung auf dem geistigen Plan zu betreiben. Es wäre aber nicht gerecht, deswegen Steiners Schüler als unselbständige Nachsager abzufertigen.

Wären sie das gewesen, dann wären die Waldorfschulen, die anthroposophisch orientierten Institutionen auf dem Gebiete der Heilpädagogik und Krankenpflege, der biologisch-dynamischen Landwirtschaft und alle möglichen anderen verwandten Initiativen und Wirksamkeiten schon lange eingeschlafen. Gerade weil so viele von Steiners Anweisungen in mehr oder weniger spontaner Form gegeben wurden und ganz bestimmte Situationen betrafen, können sie nicht auf eine uninspirierte und routinemäßige Weise angewendet werden.

Wer die von Steiner empfohlenen Arbeitsmethoden durchführen will, sich aber auf angelernte Handlungsformen beschränkt, kann nicht herausbekommen, was zu tun ist, um – beispielsweise – einer ganz besonderen Gruppe von Schülern eine bessere Konzentrationsfähigkeit zu vermitteln, um einem autistischen Kind das Zähneputzen beizubringen oder um anzugeben, wie ein Krebspatient geheilt werden bzw. seine Krankheit gelindert werden kann, wie ein ausgebeuteter Acker seine natürliche Fruchtbarkeit wiedererhalten kann usw.

Sollen die anthroposophischen Impulse im täglichen Leben fruchtbar werden, müssen diejenigen, die sie in das praktische Leben umsetzen wollen, je nach individueller Fähigkeit versuchen, schöpferische Menschen zu werden.

Zum Schluß möchte ich mich auf eine Erfahrung berufen, die von vielen Mitarbeitern bei verschiedenen anthroposophischen Einrichtungen und auch von mir selbst gemacht worden ist. Auf manchen Lebensgebieten wird jetzt bemerkbar, daß wir uns in einer Art Zivilisationskrise befinden. Die praktischen und menschlichen Probleme, vor welche man gestellt wird beispielsweise als Pädagoge, Heilpädagoge, Arzt, Krankenschwester, Gärtner und Landwirt, tendieren durchaus dahin, immer schwieriger zu werden.

Um so wichtiger ist es deshalb, nicht zu resignieren. Die Aufgabe, um die es jetzt geht, liegt ja darin, die inneren Kräfte des Menschen zu stärken. Dafür ist der anthroposophische Übungsweg eine unschätzbare Hilfe. Er ermöglicht es, Arbeitsfreude zu empfinden, obwohl die Arbeit immer mehr vom Menschen verlangt.

Literatur

1 Rudolf Steiner – Leben und Werk

Rudolf Steiner, Mein Lebensgang. Dornach [8]1982.
Johannes Hemleben, Rudolf Steiner. Reinbek 1963.
Walter Kugler, Rudolf Steiner und die Anthroposophie – Wege zu einem neuen Menschenbild. Köln [2]1979.
Friedrich Rittelmeyer, Meine Lebensbegegnung mit Rudolf Steiner. Stuttgart [10]1983.
Gerhard Wehr, Rudolf Steiner. Freiburg 1982.
Erika Beltle/Kurt Vierl (Hrsg.), Erinnerungen an Rudolf Steiner. Stuttgart 1979.

2 Zur Anthroposophie

Rudolf Steiner, Die Philosophie der Freiheit. Dornach [14]1978.
Rudolf Steiner, Theosophie. Dornach [30]1978.
Rudolf Steiner, Die Geheimwissenschaft im Umriß. Dornach [29]1977.
Rudolf Steiner Thementaschenbücher (ausgewählte Vorträge R. Steiners zu verschiedenen Gebieten). Stuttgart.
Georg Kühlewind, Bewußtseinsstufen. Stuttgart [2]1982.
Georg Kühlewind, Die Wahrheit tun. Stuttgart [2]1982.
Herbert Rieche/Wolfgang Schuchhardt, Zivilisation der Zukunft. Arbeitsfelder der Anthroposophie. Stuttgart 1981.
Herbert Witzenmann, Intuition und Beobachtung. 2 Bd., Stuttgart 1977/78.

3 Zum Schulungsweg

Rudolf Steiner, Wie erlangt man Erkenntnisse höherer Welten. Dornach [23]1982.
Christof Lindenau, Der übende Mensch. Stuttgart [2]1981.
Gerhard Wehr, Der innere Weg. Reinbek 1983.
Paul Eugen Schiller, Der anthroposophische Schulungsweg, Dornach 1979.

Jochen Bockemühl u. a., Erscheinungsformen des Ätherischen. Stuttgart 1972, Na. i. V.

Herbert Grohmann, Die Pflanze (2 Bände). Stuttgart [6]1981, [3]1981.

Ernst Michael Kranich, Die Formensprache der Pflanzen. Grundlinien einer kosmologischen Botanik. Frankfurt 1983.

Wolfgang Schad, Säugetier und Mensch. Zur Gestaltbiologie vom Gesichtspunkt der Dreigliederung. Stuttgart 1971.

Wolfgang Schad, Goetheanistische Naturwissenschaft.
Bd. 1: Allgemeine Biologie. Stuttgart 1982
Bd. 2: Botanik. Stuttgart 1982
Bd. 3: Zoologie. Stuttgart 1983
Bd. 4: Anthropologie. Stuttgart 1984.

5 Verschiedene Arbeitsfelder

Walther Bühler, Der Leib als Instrument der Seele. Stuttgart [5]1976.

Frans Carlgren/Arne Klingborg, Erziehung zur Freiheit. Die Pädagogik Rudolf Steiners. Frankfurt 1981.

Eva Froböse u. a. (Hrsg.), Rudolf Steiner über eurythmische Kunst. Köln 1983.

Friedrich Husemann/Otto Wolff (Hrsg.), Das Bild des Menschen als Grundlage der Heilkunst (3 Bd.). (Neuaufl. 1984).

Johannes Kiersch, Die Waldorfpädagogik. Eine Einführung in die Pädagogik R. Steiners. Stuttgart [6]1984.

Georg Kühlewind, Vom Normalen zum Gesunden. Wege zur Befreiung des erkrankten Bewußtseins. Stuttgart 1983.

Stefan Leber, Die Pädagogik der Waldorfschule und ihre Grundlagen. Darmstadt 1983.

Stefan Leber, Selbstverwirklichung – Mündigkeit – Sozialität. Eine Einführung in die Idee der Dreigliederung des sozialen Organismus. Frankfurt 1982.

Christof Lindenau, Soziale Dreigliederung: Der Weg zu einer lernenden Gesellschaft. Stuttgart 1983.

Christoph Lindenberg, Angstfrei lernen – selbstbewußt handeln. Stuttgart 1975 (zahlreiche Auflagen).

Udo Renzenbrink, Ernährungskunde aus anthroposophischer Erkenntnis. Dornach 1979.

Peter Schneider, Einführung in die Waldorfpädagogik. Stuttgart 1982.

Mike Schugt, Rudolf Steiner und seine Architektur. Köln 1983.

Rudolf Treichler, Die Entwicklung der Seele im Lebenslauf. Stufen, Störungen und Erkrankungen des Seelenlebens. Frankfurt 1984.

Thomas J. Weihs, Das entwicklungsgestörte Kind. Heilpädagogische Erfahrungen in Camphill-Gemeinschaften. Frankfurt 1983.

Die Abbildungen 1 und 2 sind dem Band Jochen Bockemühl »Erscheinungsformen des Ätherischen«, Stuttgart 1977, entnommen.

Die Abbildungen 3 bis 5 und die Legenden sind aus Goethes »Metamorphose der Pflanzen«, Stuttgart 1959 entnommen.